JN228714

親が認知症になっても困らない！

もしもに備える財産管理

家族信託のツボとコツ

司法書士法人
トリニティグループ

秀和システム

注　意

(1) 本書は著者が独自に調査した結果を出版したものです。

(2) 本書は内容について万全を期して作成いたしましたが、万一、ご不審な点や誤り、記載漏れなどお気付きの点がありましたら、出版元まで書面にてご連絡ください。

(3) 本書の内容に関して運用した結果の影響については、上記(2)項にかかわらず責任を負いかねます。あらかじめご了承ください。

(4) 本書の全部または一部について、出版元から文書による承諾を得ずに複製することは禁じられています。

(5) 商標

家族信託は、一般社団法人家族信託普及協会の登録商標です。

その他、本書に記載されている会社名、商品名などは一般に各社の商標または登録商標です。

はじめに

65歳以上の人の、6人に1人。この数字をみなさんはご存じでしょうか。

厚生労働省の推計によれば、2015年時点で、65歳以上で認知症に罹患した人の数は、約520万人に上っており、これは65歳以上の人口の約16％にあたっているのです。さらに、2025年にはさらにこの数は増え、約700万人、20％もの人が認知症になると考えられています。

認知症は、私たちにとってとても身近な問題となっています。自分が罹患してしまうだけでなく、親や配偶者など、身近な人が認知症になってしまったら、私たちの生活は大きく変わることになります。どのように介護をするか、その時間や費用をどのように捻出するか。多くの認知症患者とその家族が、頭を悩ませているのが現状です。

この認知症の問題は、経済にも大きな影響を与え始めています。

認知症になると、自分が持っている資産を今までのように動かすのは難しくなります。意思決定や意思表示ができないことによって、凍結してしまうお金が出てきてしまうのです。

2015年時点で、認知症患者が保有する金融資産は、およそ127兆円もあると言われていますが、これが2030年には200兆円を超えるだろうと予測されているのです。これほどの巨額が凍結状態になってしまえば、日本経済にとってもかなり重荷になってくるはずです。

しかし、認知症の方が持つ資産の問題は、日本経済という大きな枠組みで語られる以前に、本人やその家族にとっても、大きな問題です。**意思表示ができず資産が凍結されてしまったことで、本人の資産の中から介護費用を捻出することができなくなってしまったという例や、本人が持っていた土地をうまく引き継げずに運用できなくなってしまった**という例など、認知症の人が持つ資産にまつわるトラブルは、後を絶ちません。

そこで今、注目されているのが**家族信託**です。資産を家族などにどう引き継ぐかにはいくつかの手法がありますが、旧来の方法ではいくつかの落とし穴や問題をカバーしきれない面がありました。認知症患者やその恐れのある人、その家族たちにとっては使いづらかった手法とは異なり、家族信託はとても柔軟に認知症対策ができるものとなっています。本書で詳しく述べていきますが、家族信託は自分が高齢者になったときや、家族が高齢者になったとき、その資産を守るためにとても有効な手段です。

私たち司法書士法人トリニティグループは、これまでさまざまな手続き業務において、法的思考力をベースとして多くのお客様にアドバイスを差し上げてきています。個人のお客様においては、遺産整理や相続手続き業務のサポートのほか、銀行、不動産業者、介護事業者とも連携をしながら高齢者の方々への生前サポートも行ってきています。

その中で昨今多く承っているご相談が、「もしも認知症になったら」という不安を持たれる方や、ご家族に認知症の疑いがあるという方々の、資産の運用や相続に関するご相談です。これらのご相談に対して、トリニティグループでは家族信託を活用した柔軟な対応策を提案しています。

本書では、そうした経験をもとに、今同じような不安を抱える皆様のお力になれればと思い、家族信託の活用事例を具体的に紹介していきます。活用事例については、ご相談の多い内容を中心に、できるだけさまざまなパターンを用意しています。

第1章では家族信託の基本情報についてお伝えしていますが、第2章以降は、皆様のお悩み事に応じて必要なところをお読みいただければと思います。

高齢化に伴い、多様化する相続や介護の問題。皆様が少しでも不安のない生活を送るために、本書が参考になれば幸いです。

目次

第1章 家族信託とは

第2章 認知症対策としての家族信託

第3章 跡継ぎ問題と家族信託

第4章 経営者のための家族信託

弊社では、「家族信託の事例とひな形」という情報を提供しています。本書の内容とあわせて参考にしてください。下記のURLから家族信託契約書のひな形をダウンロードいただけます。

https://trinity-group.jp/kazokusinntaku/example/

カバーデザイン・イラスト：mammoth.
編集協力：大西 桃子

第1章

家族信託とは

　高齢化社会が進む日本で、多くの人が抱える悩みが「お金や不動産の管理」です。財産の種類も、家族の形や思いもさまざまあり、対策も家族によってそれぞれですが、そんな中で注目されているのが家族信託です。

　では、家族信託とはいったい何か？　まずはこの章で、わかりやすく説明していきましょう。

高齢化社会で「お金の管理」が問題に

人生100年時代。高齢化が進む日本人の平均寿命は今、女性87・26歳、男性81・09歳と、80歳を超えています（2017年厚生労働省調査）。日本は世界でも有数の高齢化先進国と言われ、65歳以上が全人口に占める割合は27%を超えています。さらに、この割合は2040年には35%に達すると言われており、既に超高齢社会といわれる段階に突入しています。

この超高齢社会の中で今、私たちにとって大きな問題になっているのが高齢者の財産管理です。これまで相続や事業承継は、遺言書や成年後見制度などを使って行われてきましたが、昨今では高齢化に伴って、こうした旧来の方法では解決のつかないケースや、トラブルが生じてしまうケースが増加してきています。中でも深刻なのが、高齢者の家族が認知症に罹患した場合です。

厚労省「平成28年版高齢社会白書」によれば、2012年の時点で日本の認知症患者数は約462万人、65歳以上の高齢者7人に1人が認知症に罹患していることになります。さらに2025年には約700万人にまで増加し、割合としては高齢者の5人に1人が認知症になると試算されています。

人間は誰でも歳をとればさまざまな機能が低下してきます。その機能低下が進み、認知症などになると、法律上は、**意思無能力者**として自らの力で法律行為をなすことができなくなってしまいます。

これまで、意思無能力となった人の財産管理は、家庭裁判所が選任した後見人が代理人として行ってきました。これが**成年後見制度**です。

成年後見制度は2000年から始まったもので、これには法定後見制度と任意後見制度とがあります。**法定後見制度**は、認知症になった人などが自分で行うには難しくなってしまった介護施設への入所手続きなどを、裁判所が選任した人が本人に代わって行うというもの。**任意後見制度**は、認知症などになる前、つまりまだ意思能力がある段階で、もし自分が意思無能力になってしまったとき、「この人に自分の代わりに財産の管理や契約などを行ってほしい」という後見人を決めておくというものです。

しかし、この成年後見制度にはいくつかのデメリットがあり、利用はあまり進んでいません。そのデメリットとは、「財産の管理処分に制限がかかる」、「後見人に対する報酬の支払いが必要となる」といった利用者（意思無能力者の親族）にとって、歓迎できない条件がついてきてしまうことです。

また成年後見では財産管理に裁判所が関与するので、たとえば介護施設に入るためにかかるお金を、不動産を売却して何とかしたいという場合でも、裁判所の許可をとるのに時間がかかってしまい、良い売り時を逃してしまったり、売却できるまで入居費が捻出できず入居手続が進められない等の困った状況におちいるおそれがあります。

この利用しづらい後見制度は、高齢化が進む中で、社会問題視されるほどにもなってきています。そこで注目され始めたのが、**家族信託**です。

家族信託ってどんなもの？

家族信託とは、簡単に言えば**「家族を信じて自分の財産を託す」**という行為のことです。

家族信託は、後見と同じように高齢者の財産管理権を健康な家族に託すことができるうえ、裁判所や専門家、後見人など第三者の介入を必要とせず、財産の管理処分の範囲に強制的な制限を設けられることもありません。報酬の支払いも原則的には不要です。そして、その内容は原則自由に設定することができます。

家族信託はこの高い自由度があるために、高齢者が認知症になって財産管理が自力でできなくなった場合だけでなく、複数名での共有となってしまった不動産を管理する手段として、

家族信託での3つの立場の登場人物の例

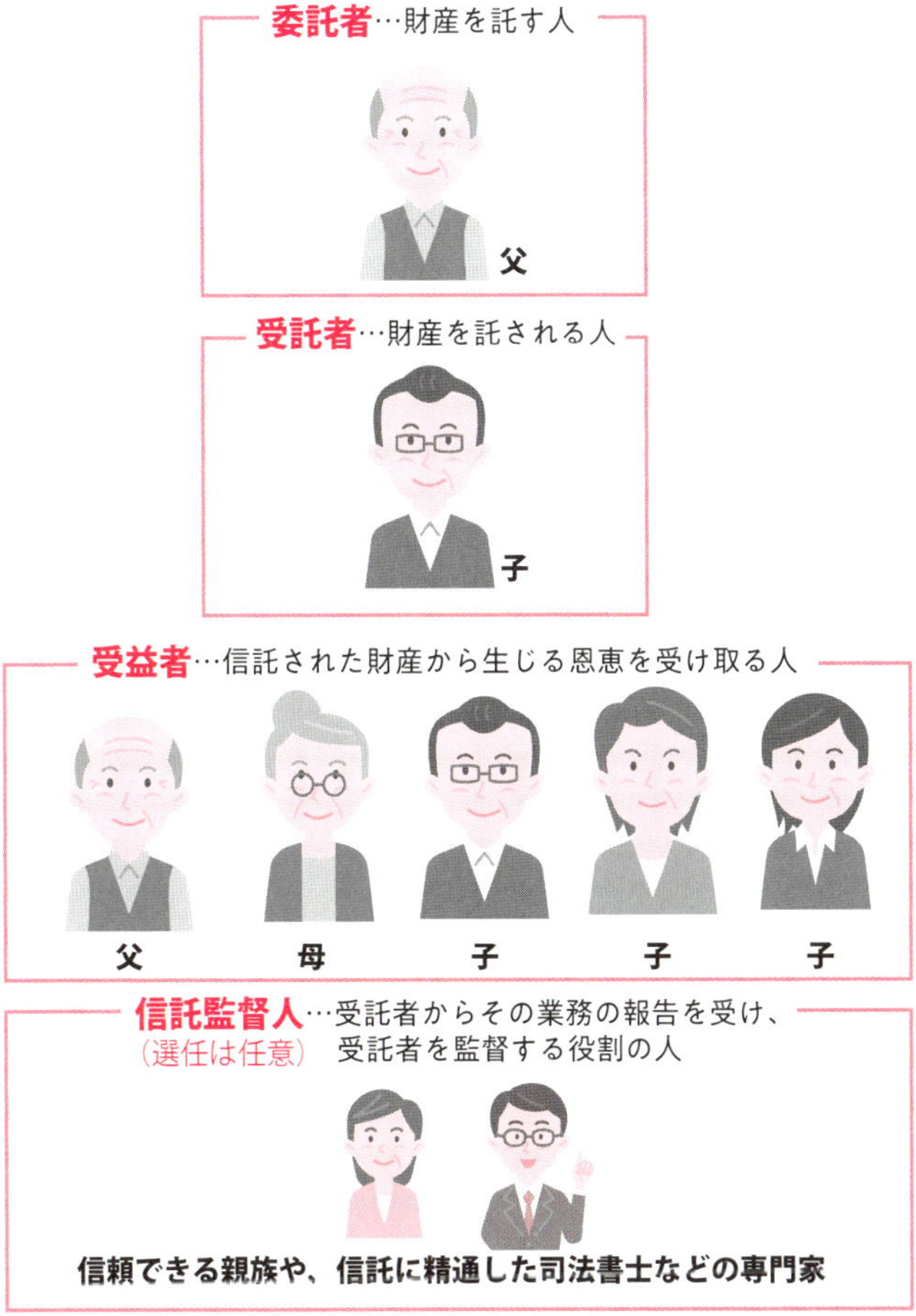

信託監督人…受託者が一人で信託実務を行うことが不安な場合や、第三者の監視を入れたい場合には、司法書士などの専門家が信託監督人に就任することも可能です。信託法上、受託者が権限にないことをしている場合に、その行為をやめさせたり、財産管理の状況について報告を求める権限があります。

あるいは浪費癖があり、財産管理に問題を抱えた親族への財産承継の手段としてなど、さまざまなケースで利用することが可能です。

その仕組みは、「財産を託す人（**委託者**《いたくしゃ》）」、「財産を託される人（**受託者**《じゅたくしゃ》）」、「信託された財産から生じる恩恵を受け取る人（**受益者**《じゅえきしゃ》）」という3つの立場の登場人物で構成されています。

「受益者」はイメージしにくいかもしれませんが、「いざとなったら自分の妻や親を頼む。必要なお金は自分の財産から使ってくれ」と頼むようなケースで考えてみてください。この場合、頼んだ人が委託者で、頼まれた人が受託者、そして「妻や親」が受益者になります。

ただ、実際は、**委託者と受益者が同一人物になる場合**がほとんどです。委託者と受益者が同一人物となる場合とは、「認知症になって自分が介護施設に入ることになったら、この口座からお金を使ってくれ」というような場合です。自分のためにかかるお金は、子どもや孫に負担させるのではなく、自分の預金から使ってほしい。そういう場合には、自分が委託者であり、受益者も自分となります。

このように、受益者は必ずしも第三者である必要はなく、委託者自身が受益者になることも可能なのです。純粋に、自分の財産の管理を他人（家族）に任せるという構図です。

　相続をめぐる争いは昨今増え続けており、平成29年度「司法統計年報」によれば、遺産分割事件（家事調停・審判）の新受件数は1万6016件となっています。昭和60年には6178件だったので、平成というひとつの時代の間に2・5倍以上にも増えているということになります。

　それまで強い絆や信頼で結ばれていた家族でも、それぞれに価値観や思い、また暮らしの事情があるときに、それがぶつかってしまってうまくいかなくなるということは多々あります。それによって大切な家族間でドロ沼の相続争いが発生してしまい、傷つけ合うこ

とになるのは悲しいことです。このようなことがないように、多様なケースに柔軟に対応してあらかじめ決まり事を作っておけるのが、家族信託なのです。

家族信託はどんなときに必要になるの？

家族信託は社会の高齢化が進む中で注目されてきたもので、**多くの方が認知症対策として利用**しています。親などが、管理運用を必要とする預貯金、不動産、有価証券などの財産を保有しており、かつ認知症を発症するリスクがあるという場合には、家族信託を利用することで、そのときに起こりうるさまざまなトラブルを回避し、家族の誰もが納得のいく財産管理を行うことができます。

この家族信託を開始するための条件は、当事者双方に意思能力があることです。つまり、高齢になった両親を委託者としようとする場合、認知症によって本人が意思能力を失ってしまう前に行う必要があるということです。したがって、家族信託を活用する場合には、できるだけ早く準備を進める必要があります。

「そろそろ親も高齢になってきたし、財産のことを決めておいたほうがいいかな」

「自分がいつ認知症になるかわからないから、そうなってしまったときに財産をどうするか決めておこう」

と思ったときには、なるべく早めに専門家に相談することをおすすめします。相談する場合には、税理士や司法書士といった税金や法律の専門家が対応します。

ただしその中でも、家族信託に明るい専門家はまだ限られているのが現状です。ですから、専門家に相談する際には、今までにどれくらい家族信託の案件に携わってきたか質問してみるといいでしょう。家族信託は税務上のリスクもありますから、そのリスクに対して配慮せずに始めてしまうと、後々多額の税金が課税されてしまうこともあります。そうならないためにも必ず経験豊富な専門家に相談するようにしてください。

また、信託契約の締結に関して専門家のコンサルティングを受ける場合、かかる費用の目安もお伝えしておきましょう。一般的には、信託財産の総額が５０００万円程度の規模の場合は60万～１００万円となります。信託財産に不動産が含まれる場合には、信託の登記をするための手数料や登録免許税などが必要になりますが、こちらは１か所に３０００万円の不動産がある場合には20万円程度が目安となります。費用は信託財産の総額が大きくなるほど高くなり、小さくなるほど安くなる傾向にあります。

家族信託の受託者はどうやって決めるの？

家族信託の受託者に就任した人は、信託財産である不動産や預貯金の管理など、信託の目的を達成するために契約に定めた業務を行います。このほかにも、信託財産の状況や収益などを税務署に届ける業務も行う必要があります（信託財産の内容によっては届け出が不要の場合もあります）。

このように、信託財産を管理する受託者は、信託においてとても重要な役割を担う立場に置かれます。ですから、受託者を決める際にはその役割を担うにふさわしい人物を選任することが大切です。

たとえば、不動産オーナーが自分の不動産を信託する場合には、受託者としてふさわしいのは将来その土地を受け継ぐ親族となるでしょう。将来自分のものとなる予定の財産であれば、責任感を持って信託の業務にも取り組んでくれることが期待できるからです。このように、最も責任感を持って財産管理をしてくれる人を選ぶのが一般的です。

家族信託ができる財産、できない財産

家族信託では、原則として委託者が所有している財産であればほとんどのものを対象にすることができます。具体的には、

・預貯金などの金銭
・土地や建物などの不動産
・株式や国債などの有価証券
・特許権や著作権などの知的財産権
・自分が経営する会社の事業や株式

といったものが、信託の対象となります。さらに保持している貴金属や絵画といったものも信託の対象にすることができます。

しかしこの中には、手続き上、家族信託の対象とすることが難しい財産もあります。それは、有価証券です。証券会社の口座で管理している国債や株式の場合には、信託財産を管理する口座を開設することができず、結果的に信託ができないケースがあるので注意が必要で

す。

というのも、通常、現金や預金などは信託のための**受託者名義の口座**を開設して管理をしますが、証券会社では受託者名義の口座開設に対応していないところが多いのです。このような場合、法的には信託ができたとしても、受託者の義務である信託財産の分別管理（信託を受けた財産と自分の財産を分けて管理すること）が困難になってしまうため、実質的に信託ができないということになってしまいます。

ただし、最近では少しずつ受託者名義の口座開設に対応する証券会社も出てきていますから、将来的には国債や株でも問題なく信託ができるようになると思われます。

また、借金などの負の財産や、年金受給権・生活保護受給権といったその人自身に属する権利も、信託することはできません。

家族信託が終了するとき

家族信託では、終了事由を「委託者の死亡」と決めておくケースが大半です。例えば、親の介護費用の管理のための信託の場合、親が認知症などになって介護施設に入っている間は信託によって受託者が財産を管理しますが、その後、親が亡くなった時点で、受託者は管理を終了します。

そのときに、残っている財産をどうするかということになりますが、これも信託契約の中で、残った財産を、誰がどれだけ受け継ぐかを決めることができます。信託契約の中で、誰にどれだけ財産を受け取ってもらうかを決めるわけですから、この内容は、いわば遺言のような機能を果たすわけです。

このような信託をした場合には、遺留分《いりゅうぶん》の存在に注意する必要があります。遺留分とは、遺言によって自分の相続分を減らされてしまった、または自分の相続分は「なし」とされてしまった相続人が、自分の法定相続分の一部について取り返すことができる権利です。遺留分の権利を持っている相続人は、亡くなった方の配偶者や子、親など、法律で決められています。

この遺留分というのは、「遺言」によって自分の相続分を減らされてしまったときに請求できると法律で定められていますが、家族信託の場合でも同じように主張ができると考えられています。

ですから、信託終了時に、残った財産をどうするか決定する際には、この遺留分に配慮が必要となります。

亡くなった後の財産をどうするかは、もちろん遺言書でも決めることはできるのですが、遺言では、親の生前の財産管理のルールを定めておくことはできません。このルールを定めずに、兄弟の一人が独断で親の預貯金を下ろしたり、月々の介護費を支払ったりしていると、他の兄弟からその使い道について不信感を抱かれて、親の死後、遺族の間で相続争いが起きることがあります。

家族信託なら、本人がまだ元気なうちから、いざというときにはその財産を誰がいつどのように管理するかということを、関係者の間でしっかり取り決めておくことができるため、相続争いの防止の観点からも非常に有用です。もし認知症にならずに本人が亡くなってしまった場合でも、生前に十分に話し合って信託内容に盛り込まれた遺産の分け方は、そのまま活かされます。

認知症になって物事の判断が難しくなってしまったときにも、また亡くなってしまったときにも、その人の財産をどうするのかあらかじめ決めておくことができれば、本人にも家族にも心に安心が生まれます。高齢化に伴う問題はさまざまあります。家族の間で余計なストレスや争いを生み出すことなく、最期までできるだけ心穏やかに過ごすことができれば。そんな願いを持って、家族信託を利用する人たちは増え続けています。

第2章

認知症対策としての家族信託

　親や自分がもし認知症になったら。介護が必要になったら……。高齢化する社会で多くの家族がこうした不安を抱えています。

　それまで築いてきた大切な財産を、いざというときにどのように使うか、家族など大切な人たちとあらかじめ決めておくことができるのが、家族信託です。その契約のしかたはケースによってさまざま。本章では、いくつかの事例を挙げて説明していきましょう。

成年後見と家族信託

個人が築いた財産を守り、どのように管理・運用するかを本人の願いに基づいて決めることができるのが、家族信託です。相続や高齢者の財産管理の対策としては、他にも成年後見制度や遺言書がありますが、家族信託ではこれらでは対応しきれない多様なニーズに応えることが可能です。

第1章でも述べましたが、認知症や脳の障害などにより意思能力が不十分になってしまったときには、本人の財産管理のために成年後見制度を利用することもできます。ただし、この制度は手続きの煩雑さや、裁判所に判断をもらうまでのタイムラグができてしまうこと、また財産を積極的に運用することができないことなどから、使い勝手の悪いものとなっています。

後見制度では、その財産は基本的には本人（財産の持ち主）のために使われることとなっていますが、家族信託においては配偶者や子どもといった家族など、本人以外の人のためにも財産を使うことが可能です。

親が認知症などで介護が必要になってしまうと、本人のために使う介護施設費や生活費などももちろん必要ですが、介護に携わる家族たちの生活も変わってきて、経済的に負担がかかってしまうことも多々あります。こうしたさまざまなケースに対応するには、柔軟性に富んだ家族信託のほうが向いていると言えるでしょう。

ここで、家族信託と成年後見制度の違いについて、あらためてまとめておきたいと思います（次ページの表参照）。成年後見制度には、法定後見と任意後見があったことも思い出してください（19ページ参照）。法定後見は、裁判所が選任した人が本人に代わって財産管理や契約を行うもの。任意後見はあらかじめ「この人にお願いしたい」と後見人を決めておけるものでした。それぞれに特徴がありますので、まとめていきましょう。

成年後見人ができる仕事、できない仕事

成年後見制度を使った場合、後見人はどんな仕事をするかということを整理しておきます。次ページの表を見てもらうとわかるとおり、成年後見人の仕事には、財産管理と法律行為、身上監護の３つがあります。

財産管理は、認知症などで意思判断ができなくなった人が日常生活を送るのに必要な入出金の管理をしたり、預貯金などお金以外の土地や建物、有価証券などの管理をしたりすることを指します。預貯金以外の財産の管理には法律上の手続きが必要になることが多いので、

家族信託と成年後見制度の違い

	家族信託	法定後見制度	任意後見制度
制度の目的	資産承継および、財産の管理・運用・処分等	本人の保護・支援	本人の保護・支援
効力の発生時期	自由に決定可能	意思無能力者となったときに家庭裁判所への申し立てを行うことで後見人が選任されたとき	意思無能力となる前に任意後見契約を締結、意思無能力となったときに家庭裁判所に申し立てを行うことで後見監督人が選任されたとき
権限	信託財産の管理・運用・処理	財産管理、法律行為、身上監護	財産管理、法律行為、身上監護
監督機関	なし	家庭裁判所、後見監督人	家庭裁判所、後見監督人
財産管理をする人	家族や親族など、信託契約で決められた人	裁判所が選任した人（希望した後見人が必ず選任されるとは限らない）	あらかじめ決められた後見人
管理する人への報酬	自由（無償でもOK）	月々2～6万円 特別な仕事があると＋30～70万円	任意後見人…自由（無償でもOK） 後見監督人…月々1～3万円
財産の処分	信託内容に従って、受託者が自由に処分	積極的な運用や、本人の利益を減らすような処分方法は不可	積極的な運用や、本人の利益を減らすような処分方法は不可
本人死亡時	信託財産については、受託者が信託内容に従って資産承継を行える	遺産相続や死後の事務は、相続人等が行う	遺産相続や死後の事務は、相続人等が行う

法律行為というのも仕事の内容に入ってきます。

意思無能力者となった人が銀行口座を持っていた場合には、銀行に届け出をすることで後見人がその口座からお金を出し入れすることができるようになります。自宅不動産を売却するなどの手続きについては、家庭裁判所に申請をして許可を得ないとできないため、スピーディーに対応することは難しくなります。

また身上監護とは、本人の代わりに介護施設の入居手続きをするなど、本人の生活環境を整えるために行う仕事のことを指します。

成年後見制度はあくまでも、意思能力のなくなってしまった人の生活を守るためのもの、本人の利益のためにさまざまな仕事を行うものであり、次のようなことはできません。

・本人の預貯金の中から孫の学費を払う
・本人の預貯金の中から子どもに資金を貸し付ける
・リスクのある金融商品などを買って投資運用する
・子どもの借金のために、本人が持っている不動産に抵当権を設定するこのように、他人のために本人の持っている財産を使い、その結果、財産が減ってしまう可能性のあることについては、成年後見制度ではできないことになっています。そのため、たとえばマンションなど賃貸不動産を運営している人が認知症になった場合には、後見制度だけではその事業を継続させるのが難しくなる場合があります。大規模な修繕が必要になった場合に、その資金を借り入れすることができなくなるといったケースが出てくるからです。

しかしこの場合でも、あらかじめ家族信託によって不動産の管理・運用をする受託者が決まっていれば、受託者が借り入れの契約を行って運用をすることが可能となります。

また、成年後見人は、意思能力のなくなった人の財産の管理や処分を、自分の裁量で決めることができます。そして、実はこのことによるトラブルも多いのです。成年後見人となった人が、本人のためではなく自分の利益のためにお金を使ってしまうことで、トラブルになってしまうことがあるのです。

ただ、このようなリスクを防ぐために、２０１１年からは後見制度に信託契約を導入した、**後見制度支援信託**という仕組みも生まれています。この信託では信託銀行等が受託者となり、後見人は、被後見人の日常生活に必要な金額を超えたお金が簡単には使えないようになります。ただし、任意後見人の場合には適用ができません。

活用事例を見てみよう

では実際に、認知症対策として家族信託がどのように使われているか、具体的に事例を見ていきたいと思います。

本書を手にしてくださった方の中にも、ご自身が認知症になったらどうしようと不安を抱えている「委託者」の立場になりうる方だったり、親や配偶者が認知症になったらどうしようと考えている「受託者」の立場になりうる方だったりと、さまざまな方がいらっしゃると思います。なるべくどんな立場の方にもあてはまるように、事例をいくつか紹介していきます。それぞれの不安事に応じた事例を読んでいただければと思いますので、登場人物と自分の立場とを照らし合わせてみてください。

事例1-1

こんなときどうする？

父の介護費用を父の資産から いつでも捻出できるようにしたい

（43歳・女性）

[登場人物]

委託者 **親**
受託者 **あなた（A さん）**
受益者 **親**

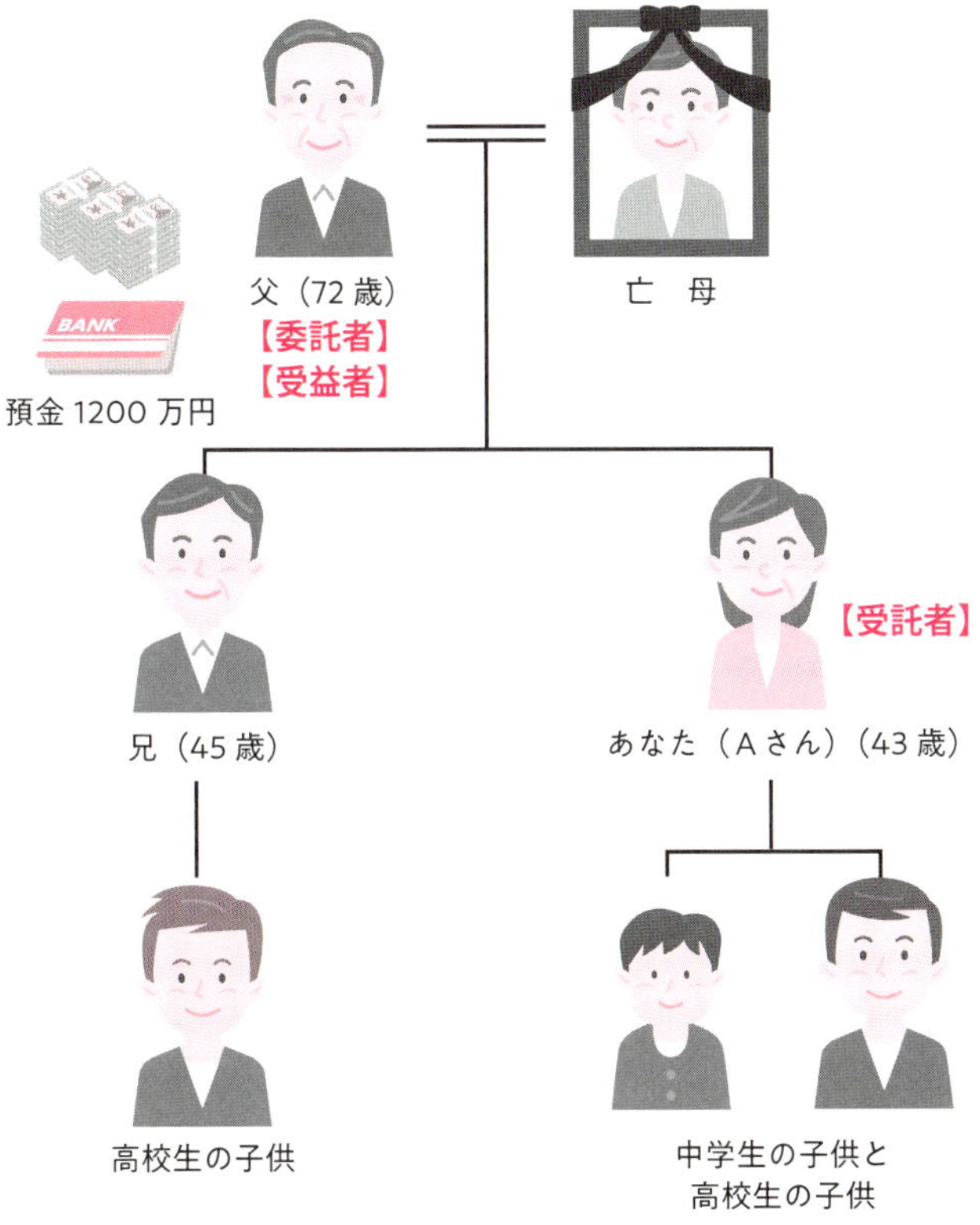

母が他界し、現在一人暮らしをしている72歳の父。まだ大きな病気もなく元気ではあるのですが、軽い認知症が疑われる状態です。検査などはこれからしたいと思っていますが、今後、父に介護が必要になったらどうするのか、そろそろ話し合っておかなければと思っています。

ただ、現状では、誰がどのように介護をし、費用を出すのか、兄妹間でまだ何も決まっていません。兄は地元を離れて妻子と暮らしていますが、自分（Aさん）は地元に住んでいるため、もしものときには自分（Aさん）が中心となって動くことになるとは思います。兄も私（Aさん）も夫婦共働きで暮らしており、自分たちで介護をする余裕が十分にあるとは思えません。そのため、おそらく介護施設や在宅介護サービスなどにお世話になると思います。

今最も心配なのはお金のことです。兄には高校生の子どもがいて、私も中学生と高校生の子どもがいます。お互いに子どもの学費などが必要で、介護費用を負担するのは厳しい状態です。そこで、いざというときには父の銀行預金を使えればと思っています。預金は1200万円ほどあるそうです。でも実際に介護が必要になってから、兄とじっくり話し合いをする時間もなく父の銀行預金を勝手に使ってしまうと、トラブルになるのではと不安です。

いざというときに慌てて行動してトラブルにならないために、今やっておくべきことは何でしょうか。

これで解決！

介護が必要になったときにかかる金銭の使い道を明確にし、父が死亡した際にその残金をどうするかも決めておこう

まずは、金銭の使い道を洗い出す

この場合は、父と兄妹とで事前に話し合い、自分（Aさん）を受託者《じゅたくしゃ》、父を委託者《いたくしゃ》および受益者《じゅえきしゃ》として信託契約を締結しておきましょう。つまり、父の銀行預金を使って父の介護を行い、その預金は自分（Aさん）が管理するという契約（約束）をします。

その際にあらかじめ整理しておくべきことは、「信託する金銭の使い道を明確にしておく」ということです。父にもしものことがあったとき、必要になると考えられるお金は何かを、できるだけ細かくシミュレーションしておくのです。介護費、医療費、また父の生活費など、かかる費用はいくつかあります。介護費用はその状況や人によってさまざまですが、ここでは目安の金額を下に挙げておきますので、参考にしてください。

金額のおおよその見積もりをしたうえで、信託する金額は、介護費用を賄えるくらいに設定します。まず、信託する金銭を管理するための口座（信託口口座《しんたくぐちこうざ》）を開設します。この信託口口座は、自分（受託者Aさん）の名義で開設してください。開設できたら、そこに信託する金額を父から信託契約締結と同時に振り込

Column

介護費用の目安（例）

要介護３の場合の月額

・特別養護老人ホーム（ユニット型個室）にて介護

介護サービス費　約２万５千円

住居費　約６万円

食費　約４万円

※父の自宅を引き払わない場合はその家賃・管理費などもかかる

・在宅介護サービスを使って介護

介護サービス料　約２万５千円

家賃　現在払っている額

食費　約４万円

その他　おむつなど介護関連品の購入に約３万円

介護度が重くなれば、一般的にはかかる費用も上がります。ちなみに、生命保険文化センターによる「生命保険に関する実態調査」平成30年度版によれば、平均金額は次のようになっています。

・一時的にかかった費用（住宅改造や介護用ベッドの購入など）……平均69万円

・月々の介護費用……平均で７・８万円

（いずれも公的介護保険サービスの自己負担費用を含む）

んでもらいます。

これによって、あなた（Aさん）は父に介護費・医療費・生活費などが必要となったとき、受託者（あなた）名義の＊**信託口口座**からその費用を捻出することができるようになります。

この運用時のポイントは、何に使ったのかを明確にすることです。何の記録もなく、自分（Aさん）の判断だけで費用を管理している場合、後から家族・親族に「信託財産を私的利用している」と疑われてしまうケースもあります。そうしたトラブルを防ぐためにも、何に使ったかを明確にするために領収書を保管し、通帳を記帳して出金の記録をつけておくのがベターでしょう。

残金をどう分けるかもルール決めを

父が死亡すると、信託は終了となります。その際に、信託口口座に残った金を＊**法定相続人**の間で等しく分けるようにするなど、残金の行き先もあらかじめ決めておきましょう。

信託口口座…信託した預貯金を管理する口座のこと。受託者の個人的な預貯金を管理している銀行などの口座とは別に、信託のために作る口座ですが、法律上開設が義務づけられているわけではありません。ただ、信託口口座を作らずに受託者自身の預貯金管理と同じ口座で信託した金銭を管理してしまうことにより、受託者の個人財産と信託財産が１つの口座で混ざり、トラブルが発生することも多々あるため、信託の際には開設しておいたほうが無難です。

法定相続人…民法で定められた相続人のこと。法定相続人には順位があります。
・第一順位：被相続人に子どもがいる場合は、子と配偶者。子が被相続人より先に亡くなっている場合等は、直系卑属（孫・ひ孫等）が相続人となる。
・第二順位：被相続人に子やその直系卑属がない場合等は、直系尊属（父母・祖父母等）と配偶者。
・第三順位：被相続人に子やその直系卑属がおらず、直系尊属も亡くなっている場合等は、兄弟姉妹と配偶者。もし兄弟姉妹が被相続人より先に亡くなっている場合等は、甥や姪が相続人となる。

そのルールに従って、父が死亡した際には定めていた相続人に金銭を振り込みます。このとき、残金がどれだけあって、そのうちいくらを誰が取得したのかを記録して書面にし、各相続人に渡すことで無用のトラブルを避けることができます。

介護費用の使い道にしても、残金の処理にしても、できるだけ記録を残しておくというのは重要なポイントです（受託者には帳簿作成の義務があります）。これまで信頼で結ばれてきた大切な家族や親族を疑心暗鬼にさせてしまわないためにも、記録を残すのがベターだと考えてください。

結果どうなった？

家族信託を締結して2年ほど経過したある日、父が突然脳梗塞で倒れ、入院しました。一命はとりとめたものの、1カ月の入院生活を経て、認知症が進行し、介護なしでは生活ができない状態となりました。

私（Aさん）も兄も、また夫や兄の妻も仕事などの都合で介護に専念する時間をとることが難しい状態だったため、父は介護施設へ入所することになりました。その際の施設費などの費用は、年金でまかないきれない部分を信託口口座から捻出することに。

施設に入ってから2年ほどで父は亡くなりましたが、信託をしていたおかげで資金面で大きな問題が発生することはなく、使い道もきちんと記録しておいたことで兄も安心して私に管理を任せてくれました。残った預貯金は兄と等分して分けました。

父が要介護となった頃には、私（Aさん）も兄も子どもが大学に進学しており、学費や仕送りなどの出費がかさんでいたため、自分たちで資金を出す余裕はありませんでした。自分たちの家計の状況も、そのときどきによって変わります。いざというときに備えて信託をしておいて本当に良かったと思いました。

事例1-2

＼こんなときどうする？／

父の介護費用を、父の自宅を売却して捻出できるようにしたい

（43歳・男性）

［登場人物］

委託者　**親**
受託者　**あなた（Aさん）**
受益者　**親**

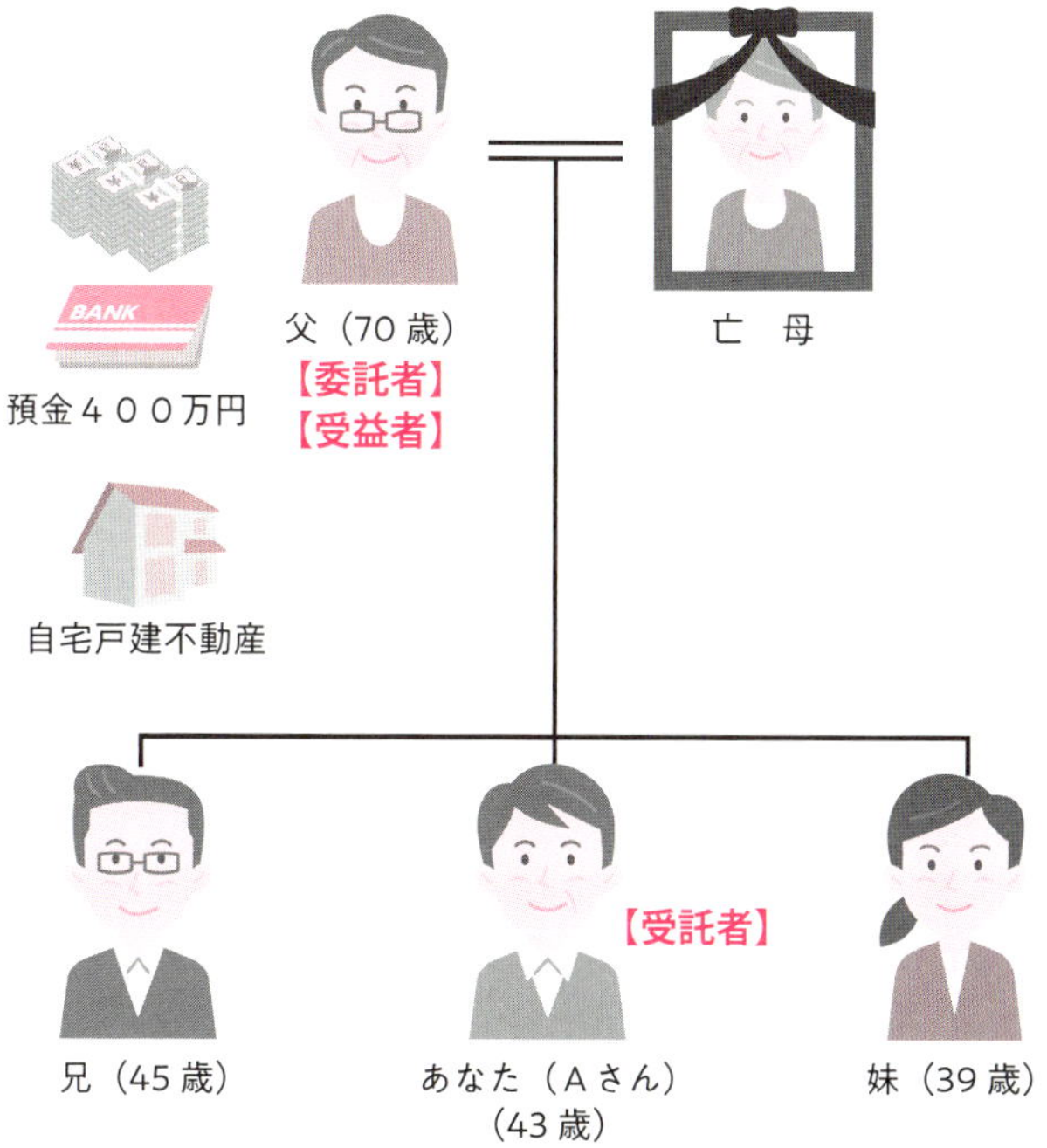

70歳の父は今、持ち家で一人暮らしをしています。子どもは私（Aさん）のほかに兄と妹がいますが、いずれも実家を出て結婚し、それぞれに仕事と家庭を持っています。もしこの先、父に介護が必要になったとしたら、私たちは仕事や実家までの距離などの事情で自宅介護をすることが難しい状況にあるため、介護施設を利用することになると思います。

その場合、施設費などが高額になりそうですが、父の預金額は400万円ほど。これで介護費をまかなうのは心配なのですが、他にめぼしい資産は自宅しかありません。

現時点では父は自宅に住んでいるため、その自宅を売却することはできませんが、介護施設に入居することになったときには、この自宅を売却して介護費をつくりたいと考えています。父も、兄妹もこの考えには賛成をしてくれています。

ですが、父が施設に入ることになってからでは、父の意思能力等がどのようになっているかわかりません。認知症などで相当低下していることも考えられます。そのときになって、父が自分で不動産を売却することができるのか、とても不安です。

これで解決！

不動産を売却できる条件を決めて、必要な手続きをとっておこう

不動産を信託財産として、条件を決めて信託

父の意思能力が低下してしまった場合でも不動産を売却して介護費などを捻出できるようにするためには、父の持つ自宅戸建不動産を信託財産として、家族信託しておくようにしましょう。信託契約には、売却できる条件を定めておくようにします。このケースでは、父が施設等に入って自宅に居住しなくなった場合というように定めます。

そして、信託する不動産については不動産登記名義を受託者《じゅたくしゃ》（あなた（Aさん））に書き換えます。このとき、不動産の修繕費や管理費、固定資産税などを支払うための現金（父の預貯金）も、一緒に信託しておくのがベターです。信託する金銭については、受託者名義の*信託口口座《しんたくぐちこうざ》を開設し、そこに振り込んでもらうようにしましょう（お金の信託について詳しくは、【事例1―1】を参照）。

さらに、もし土地が借地である場合には、登記名義を受託者に書き換えるにあたっ

信託口口座…信託した預貯金を管理する口座のこと。受託者の個人的な預貯金を管理している銀行などの口座とは別に、信託のために作る口座ですが、法律上開設が義務づけられているわけではありません。ただ、信託口口座を作らずに受託者自身の預貯金管理と同じ口座で信託した金銭を管理してしまうことにより、受託者の個人財産と信託財産が１つの口座で混ざり、トラブルが発生することも多々あるため、信託の際には開設しておいたほうが無難です。

ては地主の承諾も必要です。マンションの場合なら、管理組合に連絡をとりましょう。火災保険や地震保険などの損害保険についても、被保険者の名義を変更する必要があります。

売却前の固定資産税に注意

いざ父に介護が必要になったときには、あらかじめ信託契約で定めた「売却条件（このケースでは、施設に入って自宅を利用しなくなったこと）」を満たしていれば、受託者の判断によって不動産を売却することができます。

売却代金については、受託者名義の信託口口座に入金されるようにします。その口座から、父の介護費用を出していくようにしましょう。

注意点は、不動産を売却するまでは、固定資産税は名義を書き換えた受託者に対して請求されるということです。こうした出費に備えるためにも、父の預貯金も信託して、そこから使えるようにしておくことをおすすめします。

父が亡くなった時点で、信託は終了となります。信託口口座に残っている金額については、【事例1―1】と同様に、あらかじめ定めておいた相続人に金銭を振り込みましょう。残金がいくらあり、使ったお金については、その使いみちを残しておくなどの注意点も、【事例

1―1】と同様です。

自宅のローンが完済されていない場合には

通常の売却と同様、売却する不動産に未払いのローンが残っている（残債務あり）の場合、その残債務は、受託者が受け取った売買代金の中から支払います。ただし、債務の返済は、債務者からしか受け付けない金融機関などもあり、実際には入念な金融機関との打ち合わせが「信託前」に必要となります。

結果どうなった？

私（Aさん）を受託者として家族信託の契約を締結した3か月後に、父が自宅で転倒してケガをしました。大事には至らなかったものの、このケガによって自力での生活は不可能となり、施設入居を余儀なくされました。

実家は売却することになったのですが、運良くすぐに買主が見つかりました。ただ、売却にあたって一部修繕が必要になったのですが、それはあらかじめ信託しておいた父の預貯金によってまかなうことができました。その他の手続きも、家族信託をしていたおかげで滞りなく進めることができました。

現在も不動産を売却して得た資金で、父の施設費を捻出することができています。

Column 固定資産税とは？

土地や建物、償却資産（事業に使用することができる機械、船舶、航空機、建築物など）といった固定資産に対してかかる税金で、当年の1月1日時点でその固定資産を所有している人が納めることになります。

固定資産を所有されている方のご自宅には、毎年4月～6月に各地方自治体から固定資産税課税の納税通知が郵送で届きます。

納税額は、市町村によって決められた固定資産税評価額に、標準税額をかけて計算しますが、納税通知書に同封された課税明細書を確認すれば、固定資産評価額や納税が必要な額を確認することができます。


役所が定める土地の価格には、この地方自治体が定める固定資産評価額のほかに、国土交通省が毎年3月に発表する公示価格や、国税庁が毎年7月に発表する路線価があります。

それぞれ、用途が違いますが、一般的に土地の固定資産税評価額は、公示価格の70%前後、路線価は、公示価格の80%前後に設定されているといわれています。

建物については経年劣化があるため、築年数によって下がっていきます。

標準税率は地方税法によって規定されており、基本的には1.4%となりますが、過疎化が著しい自治体や財政難な自治体の場合、これより高くなる場合もあります。

また、住宅用地と新築住宅の建物については、次のような軽減措置もあります。

●住宅用地（土地）
・小規模住宅用地（200㎡以下の部分）は課税標準額の6分の1に軽減
・一般住宅用地（200㎡を超える部分）は課税標準額の3分の1に軽減

●建物
2020年3月31日までに新築された住宅で、次の一定の条件を満たした住宅になります。

・戸建て住宅は課税床面積120㎡までの部分について、3年間、課税標準額の2分の1に軽減
・マンション等（3階建て以上の耐火・準耐火建築物）は5年間、課税標準額の2分の1に軽減

固定資産の評価額は、一般的に家族信託を行う場合の費用計算の基準にもなる額ですので、不動産の家族信託の相談をする際には、自宅に届いた納税通知書を持参するとよいでしょう。

事例1-3

こんなときどうする？

母から管理を任されている金融資産が凍結されないようにするためには？

（52歳・男性）

［登場人物］

委託者　**親**
受託者　**あなた（Aさん）**
受益者　**親**

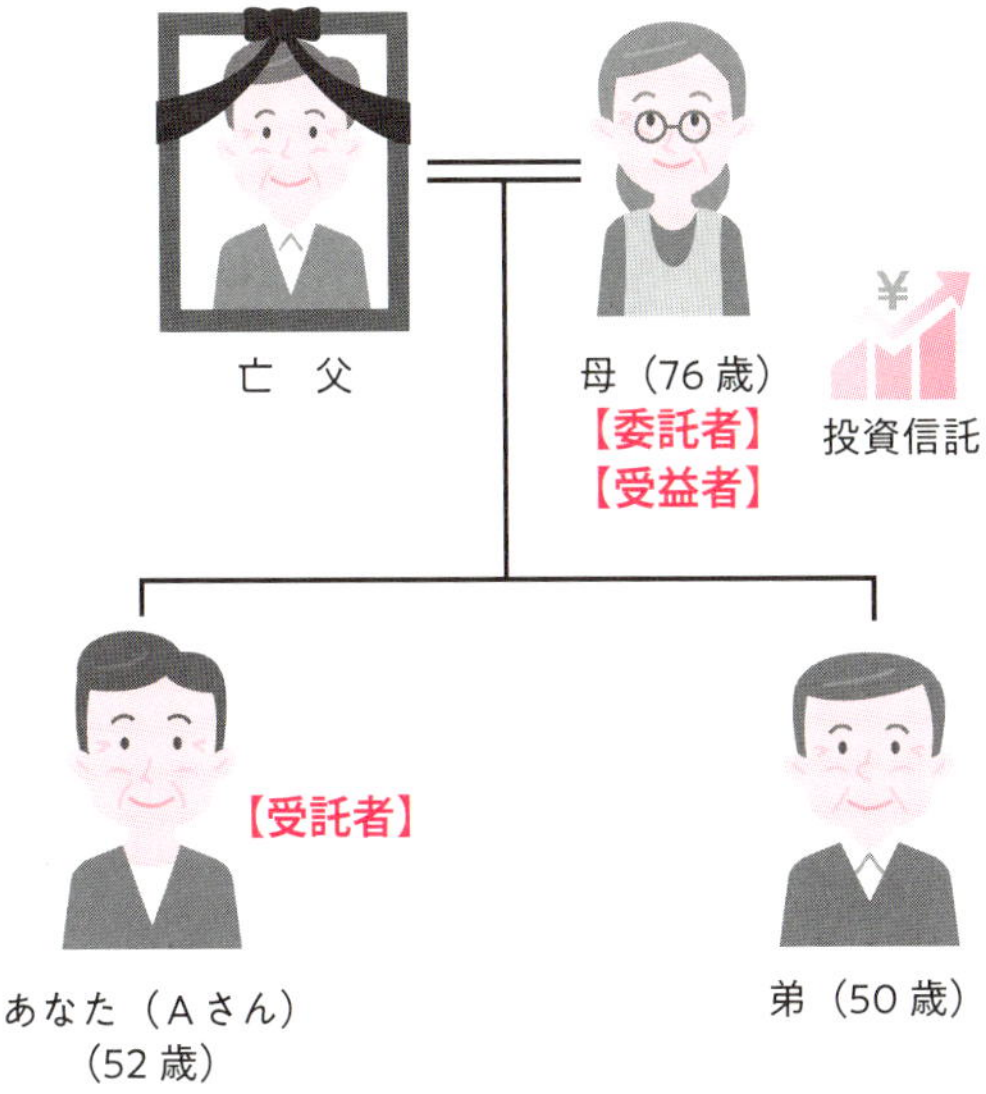

私（Aさん）の母は現在、投資信託の配当金で生活をしています。現在それらの資産の実質的な管理は、息子である私が行っています。

しかし、証券会社の本人確認や意思確認は年々厳しさを増してきています。今後、母が認知症になった場合、証券会社における手続きができなくなり、資産が凍結されるリスクが想定されますが、信託を活用して管理権を正式に自分（Aさん）のものにすることはできますか？

これで解決！

証券会社で受託者口座が持てる場合は、信託契約を締結

まずは受託者名義の口座が開けるか確認！

信託契約をしないままで本人が認知症になってしまうと、本人が管理行為を行えなくなるため、投資商品の売却・購入・管理行為ができなくなってしまいます。これは銀行口座でも同じで、口座の持ち主が認知症を罹患すると、本人が引出しなどの手続ができなくなるため、事実上口座凍結状態となり、介護が必要になっても後見人の選任をしない限り、その施設費や医療費、生活費なども引き出せなくなってしまいます。

投資信託や株式では、証券会社が受託者名義の口座開設に対応していないことから、現状では家族信託をすることが実質的に難しくなっています。ただし、一部の証券会社では受託者名義の証券口座開設に対応するようになってきているため、その場合には信託を活用して金融資産の管理権限を移行することも可能です。

まずは証券会社に問い合わせて、受託者名義の口座開設ができるかを確認してください。もし可能であれば、受託者をあなた（Aさん）として信託契約を締結し、受託者名義の証券口座の開設を行います。

こうして受託者（あなた）が金融資産を管理することができれば、母が認知症になったときでもその口座から介護費用や生活費等をまかなうことができます。

信託契約の内容は証券会社によって制限も

母が亡くなり、相続が発生した場合には、信託を終了させます。このときには、その金融資産が相続人に移転する内容の信託契約を締結しておきます。ただし、受託者名義の信託口座が開設できる証券会社でも、信託契約の内容については制限を加えてくることがあります。従って、契約の内容については証券会社にも確認が必要です。

もしあなた（Aさん）に兄弟がいれば、相続と同じようにその金融資産が兄弟に分配されるように契約に盛り込んでおきましょう。

結果どうなった？

母は年齢とともに認知症の症状が強くなっていき、2年前から介護施設に入って生活をしています。

そうなる前に、証券会社に受託者である私の名義で信託口口座を開設できたため、有価証券を一部売却して現金化するといった手続きで問題が生じることもなく、合理的な運用を信託終了時まで継続することができそうです。

介護に必要な費用も、それまで母が生活していたときと同じように配当金からまかなうことができています。このまま私（Aさん）や弟が経済的な負担を強いられることなく、母も介護施設でお世話をしてもらいながら暮らすことができそうです。

事例1-4

こんなときどうする？

父の資産の一部は海外にあります。認知症になったときに備えてどのような対策をしたらいいでしょう？

（56歳・女性）

［登場人物］

委託者　**親**
受託者　**あなた（Aさん）**
受益者　**親**

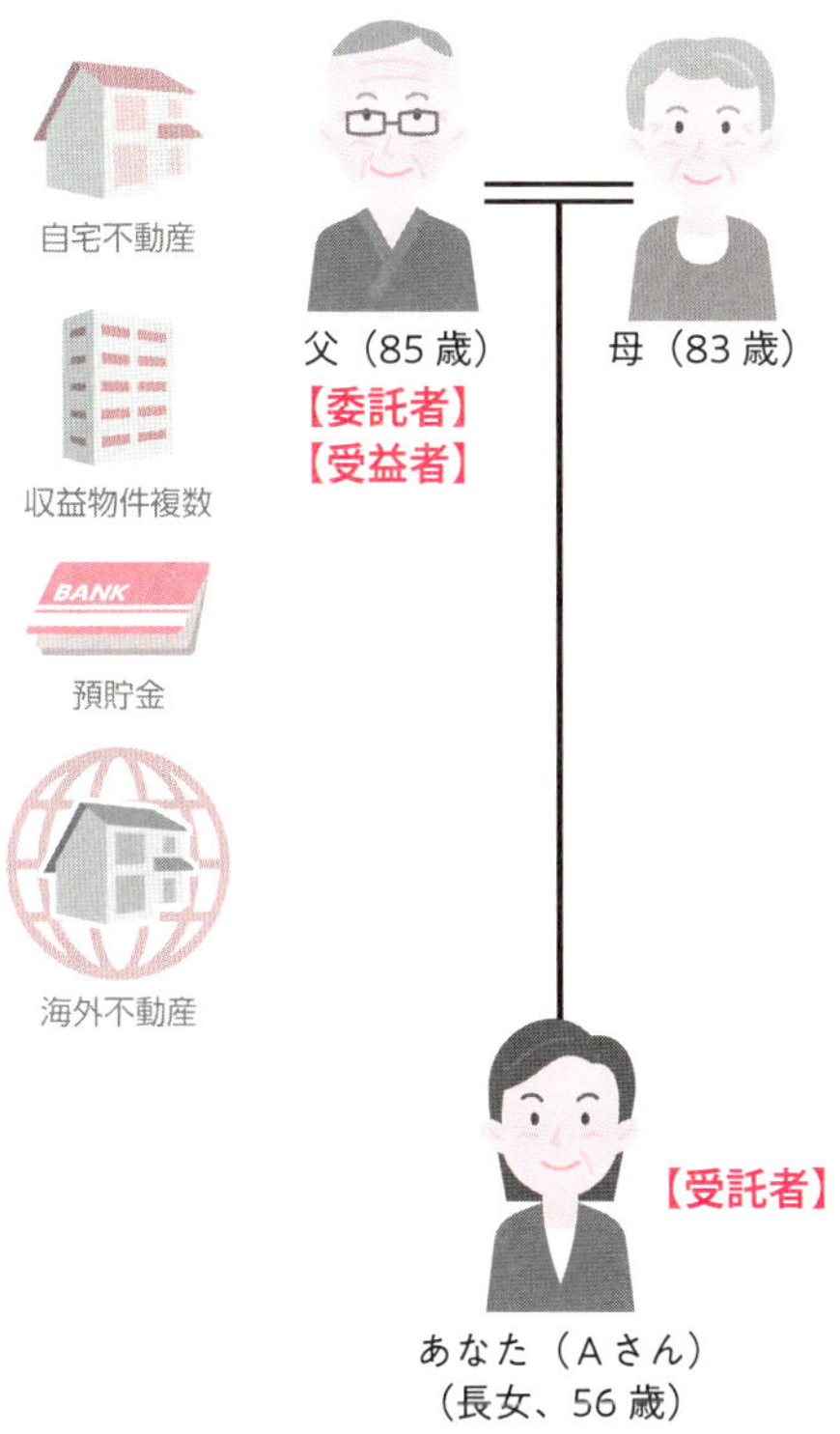

父が85歳と高齢になり、認知症の症状が出始めました。今後症状が進むことが考えられ、そう遠くない将来に相続も発生しそうです。現在は母も健在ですが、子どもは私（Aさん）しかいないため、最終的には私が相続することになります。

しかし、父は不動産や預貯金を海外でも保有しているようで、その全容がつかみきれずにいます。何か対策はないでしょうか？

これで解決！

海外資産は国内に戻そう

海外資産の相続はコスト高！

海外にある不動産については日本の法律に基づいて信託することが難しく、また相続手続きなども非常に複雑になります。もし父親が亡くなった後に不動産や預貯金などの資産があったことがわかった場合、あなた（Aさん）が権利者であることを現地で証明する必要があります。あなた（Aさん）自身が赴けない場合には、現地の弁護士に代理を依頼して、交渉してもらうことになります。

海外にある資産を相続することを「国際相続」と言いますが、国際相続には世界共通のルールはありません。相続税についても、それぞれの国の法律によって、発生するかどうかが変わります。

このように、国際相続は専門的な知識や経験がないと難しく、専門家の力を借りることが必要となってきますが、専門家の中でも大手の事務所でしか対応ができず手数料が非常に高額になるケースがほどんどです。

ですから、この事例の場合には、まず今のうちに海外に保有する不動産、預貯金をきちんと確認しておき、あらかじめそれらの海外資産を国内資産に変えておくことをおすすめします。不動産であれば、売却をしてその資産を国内資産に変えておくのがよいでしょう。国内資産に変えた後は、国内で現金や不動産として家族信託の形で管理をすれば、認知症対策および相続対策を行うことができます。

国内資産に変えてから家族信託

海外資産を国内資産に変えたら、その資産を信託財産として信託契約を締結します。この場合、委託者は父親、受託者があなた（Aさん）、受益者は父親となります。

信託財産は受託者であるあなた（Aさん）が管理・運用を行うことになりますので、父が認知症になった場合はそこから介護費用や生活費を捻出することができます。

父が亡くなったら、信託内容に従って財産を移転させます。

結果どうなった？

父の認知症が進む前に、海外に持っている不動産と預貯金の確認をなんとか行うことができました。そこで、父がまだ健康なうちに海外にあった不動産は売却し、預貯金も国内資産に変えておきました。そのうえで、家族信託で私（Aさん）が受託者として財産の管理・運用を行うことに。
これによって、父の認知症が進んで介護が必要になったときにも、経済的な負担がなく助かりました。父はその後亡くなりましたが、あらかじめ財産の確認や整理をしておいたことによって、相続の手続きもスムーズにできました。

もし海外に資産を残したままだったら、対応してくれる事務所も少なく、それを探すだけでもひと苦労だったと思います。また対策にかかる費用も高額になったようでしたので、無駄なコストを払わずに済んでよかったです。

事例2-1

こんなときどうする？

所有する収益物件を、高齢になってもしっかり維持できるか心配

（66歳・男性）

［登場人物］

委託者	**あなた（Aさん）**
受託者	**子ども**
受益者	①**あなた**→②**配偶者**

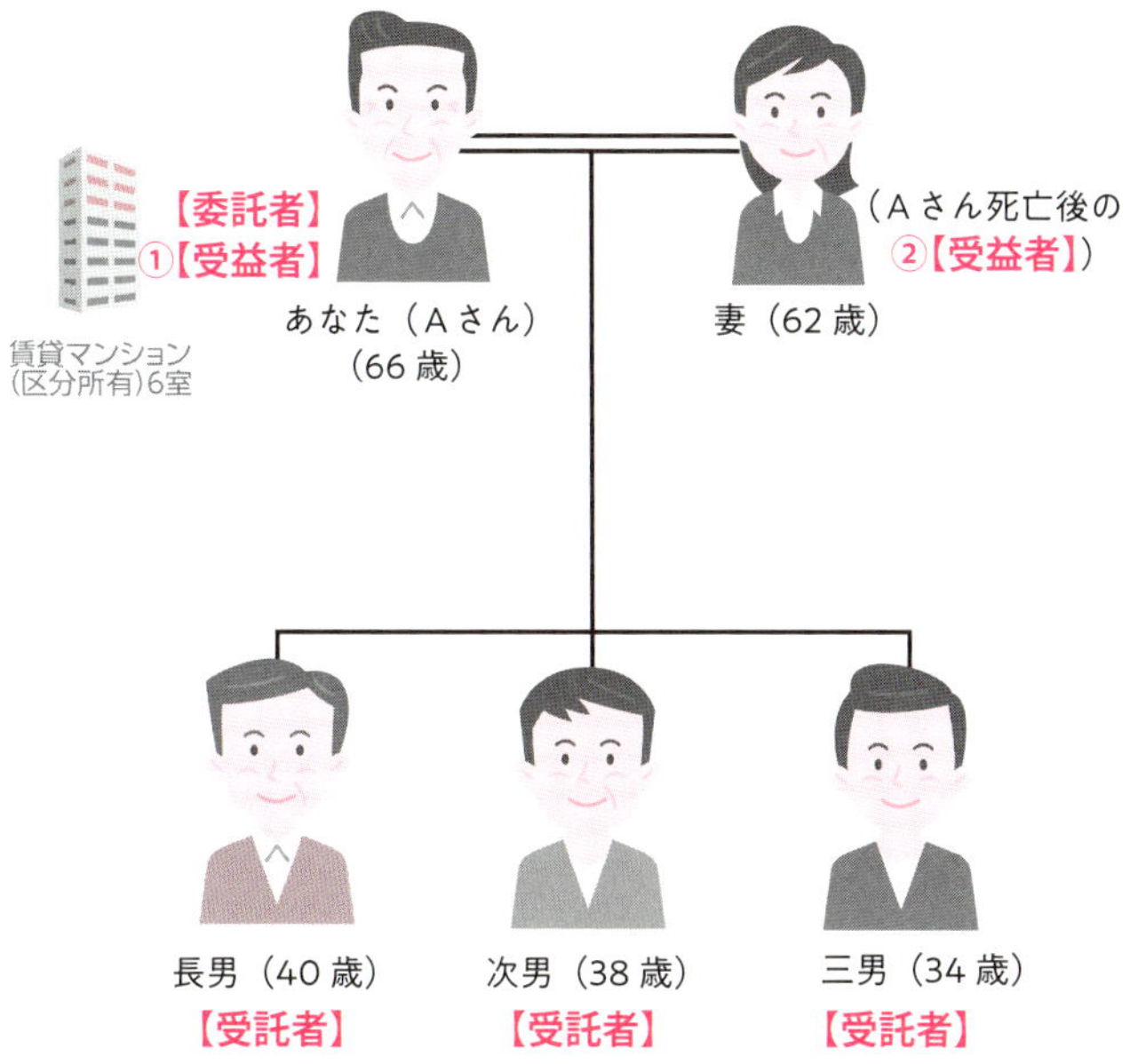

私（Aさん）は若いころからいくつか収益物件を所有してきました。今は賃貸マンション6室を区分所有しており、どれも賃料収入が順調に入り続けている優良物件です。

これらの物件をこのまま持ち続け、将来的には3人いる子どもたちに受け継がせていきたいと思っていますが、物件の管理や契約、税金の処理など、細かい面の対応について、今後自分（Aさん）が衰えてきたときのことが心配です。

今は私（Aさん）も妻も元気ですが、将来認知症などで介護が必要となり、対応しきれなくなったときのために、今のうちから対策をしておきたいのですが、どうすればいいでしょう。

これで解決！

子どもたちへ不動産を信託しよう

子どもたちそれぞれにマンションを配分

この場合は、6室のマンションを子ども3人が2室ずつ管理するなどルールを決めて、信

託契約を締結します。子ども3人を受託者とする他に、誰か一人に受託者となってもらい、6室全部の管理を任せることもできます。ただし今回の場合は、3人に物件を受け継がせたいということですので、3人それぞれに受託者となってもらい、あなた（Aさん）がまだ元気なうちに信託によって管理を受け継いでおいたほうが、相続の際にトラブルになることもなく安心だと考えられます。

受益者はあなた（Aさん）、もしあなたが亡くなった場合には、妻が受益者になるように設定しておきましょう。

契約の中では、それぞれの子どもたちがマンションのどの物件を管理するか明記しておきます。誰がどの物件を管理するのかまで信託時に決めておかないと、後々トラブルになってしまうこともあるので、きちんと話し合って決めておきましょう。

かつ、あなた（Aさん）も妻も亡くなったときには、それぞれの子どもたちに、あなたが管理するマンションの物件を受け取ってもらうような内容にしておきます。

こうすれば、あなた（Aさん）や妻が認知症になったとしても、子どもたちがマンションを管理・運営してくれるので安心です。さらにその賃料収入の中から介護費用や生活費をまかなってもらうこともでき、子どもたちに経済的な負担がかかることも避けられます。

この信託では、あなた（Aさん）と妻が亡くなり、子どもたちが各マンションを相続した時点で、契約終了とします。

結果どうなった？

最初に子どもたちにこの話をしたときには、「マンションの管理経験がないので不安だ」といった反応がありました。しかし、いずれ自分たちが相続する物件であり、きちんと管理をすれば安定的に収益が入る見込みもあるということを説明していくと、納得してもらうことができ、信託契約を進めることができました。

子どもたちにとっては、私が亡くなってから突然物件の管理を任されるのではなく、信託によって私が元気なうちに管理を引き継ぐことができるため、相続への不安も軽減できたと思います。今のうちに管理や運用の方法を伝え、相続のときには安心して物件を所有してもらえるようになればと思っています。

BANK

事例2-2

こんなときどうする？

代々受け継がれてきた複数の土地の活用、自分ができなくなったらどうする？

（83歳・男性）

［登場人物］

委託者　**あなた（Aさん）**
受託者　**子ども**
受益者　**①あなた（Aさん）→②子ども**

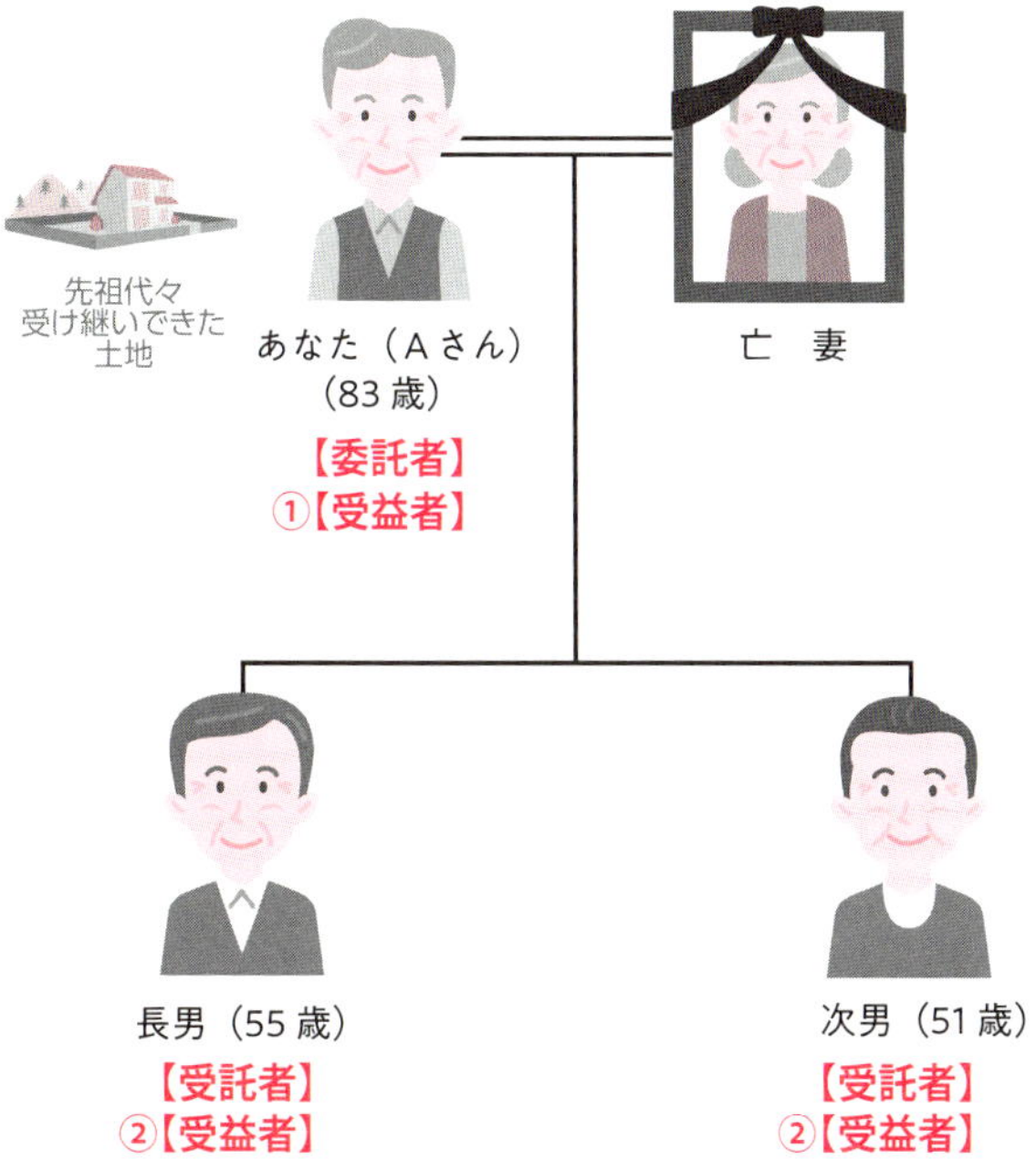

私（Aさん）は地主の家系で、自宅の他に数か所に土地を所有しています。それらの土地は空地、駐車場、アパート用地と使途はさまざまですが、今後の相続税対策を見据えると、土地活用を積極的に行っていく必要があります。

しかし、私（Aさん）もすでに83歳と高齢になっており、昨年脳梗塞で倒れてから、認知能力の低下を感じています。これから先、健康上の問題、特に認知症の進行などで、今までのように土地活用のプロジェクトを円滑に進められなくなると思うので、子どもたちにこの管理を任せられればと考えています。

子どもは2人いて、それぞれにどの土地を受け継がせるかはある程度目途をつけています。相続については遺言を書こうと考えていますが、その手前で自分が認知症になってしまうと、土地の活用をする人がいなくなってしまうので、その対策をしておきたいのです。現在、一部の土地については開発計画をハウスメーカーとともに検討しているところです。

これで解決！

子どもたちに土地の活用をしてもらう信託をして、相続時にそのまま受け継いでもらえるようにしよう

土地の活用を目的に子どもと信託契約を締結

まず、受け継がせたい土地について、それぞれの子どもに管理を任せる信託を行います。そしてあなた（Aさん）が亡くなって相続が発生したときに、信託が終了し、それぞれの子どもたちの個人資産となるような信託契約にします。この場合、委託者《いたくしゃ》はあなた（Aさん）、受託者《じゅたくしゃ》は２人の子どもとなります。信託契約は２人の子どもそれぞれと行います（管理を任せる相手が子どものうち１人なら、受託者を１人として、全ての財産について管理を任せることもできます）。

このとき、信託の目的は土地の活用として、受託者の権限によってアパートの建設や使用方法の変更、土地の分合筆、銀行からアパート建築費用を借入れることなどができるような内容にしておきましょう。

こうすることで、土地活用における契約関係の当事者は受託者となります。たとえば現在進行中というハウスメーカーとのアパート建築に関する契約や、アパート建築に必要な資金を銀行から借りることを受託者である子どもたちが行えるということです。

土地活用のノウハウも伝えながら引き継げる

遺言で財産の承継先を決めるだけでなく、信託によって土地の管理や活用を子どもたちに任せることができれば、あなた（Aさん）が元気なうちは、土地活用の検討に関与して受託者をサポートすることも可能です。

この先認知症が進んでしまい、意思無能力となってしまった場合には、子どもたち受託者が、自らの判断で土地活用を行っていくことになります。

将来的にあなた（Aさん）が亡くなり、相続が発生した時点で信託は終了となり、子どもたちはそれぞれ、信託を受けていた土地を自分のものとして受け継いでいきます。

このように認知症が進行する前に、子どもたちに不動産管理や運用のノウハウを伝えておくことができるというのも、家族信託の魅力です。

結果どうなった？

信託契約の締結後に、父（Aさん）は自宅付近で転倒して入院。一気に認知症が進んでしまいました。

このときにはアパート建築に関する打ち合わせが進行中でしたが、私たち子どもが受託者として権限を引き継いでいたため、この建築計画については滞りなく進めることができました。信託契約をすることになった時点で、父（Aさん）からは土地活用の計画などをしっかり聞くことができ、その方法なども引き継いでいたので、認知症になってから突然引き継ぎが必要になり慌てるといったことがなくて良かったと思います。

事例2-3

こんなときどうする？

子ども3人にひとつの不動産物件を引き継ぎたい

（68歳・男性）

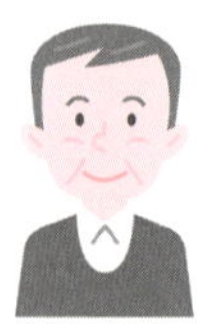

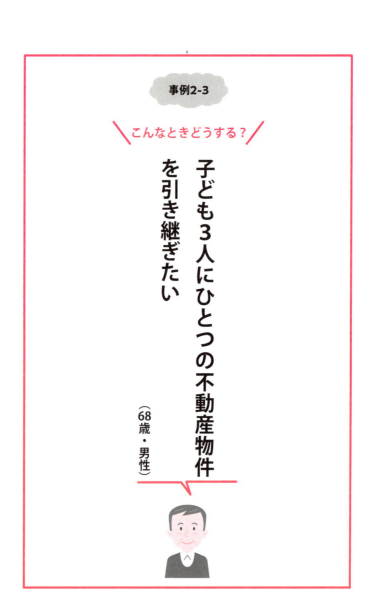

［登場人物］

委託者　**あなた（Aさん）**
受託者　**子ども**
受益者　①**あなた（Aさん）→**②**子ども**

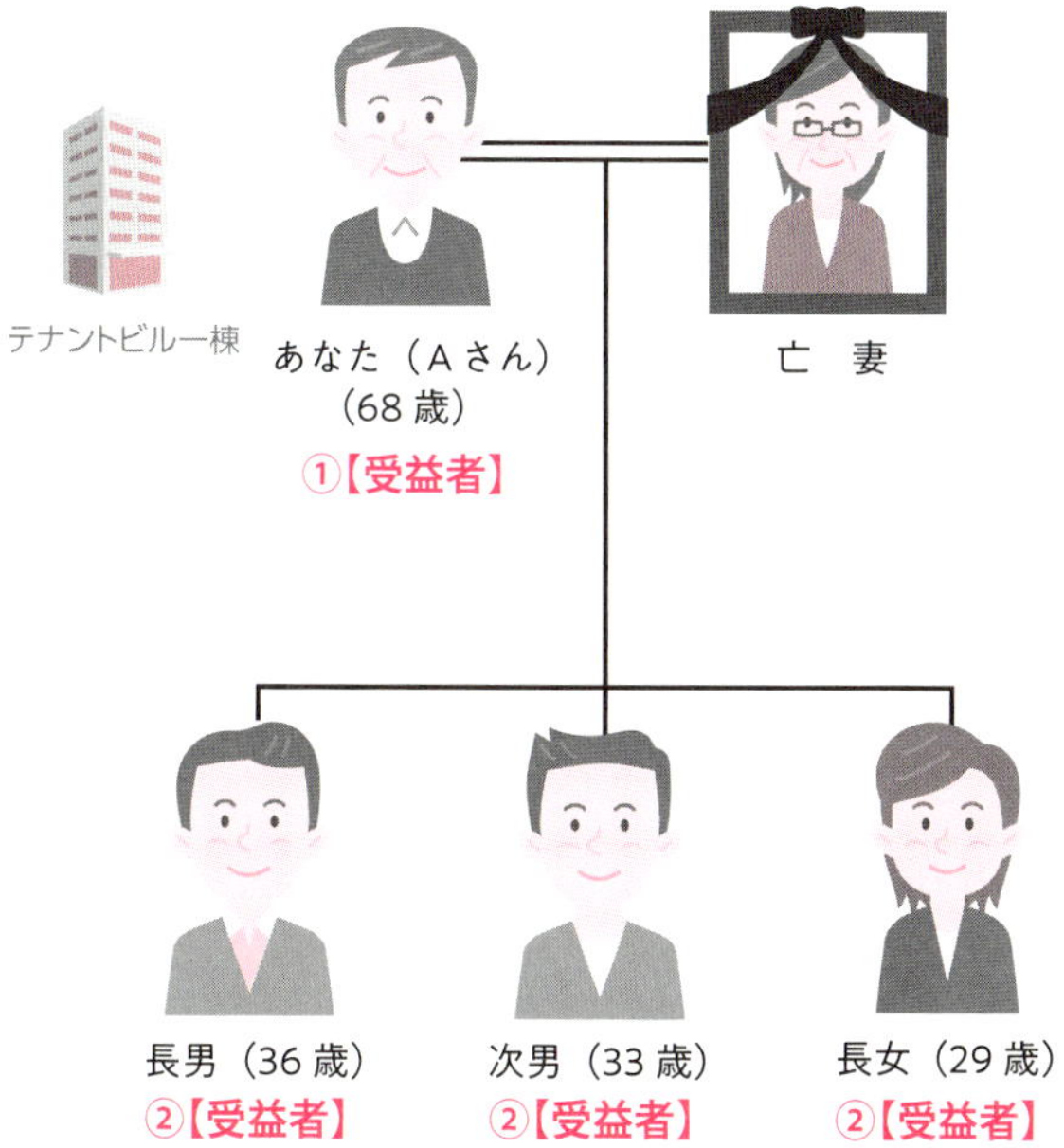

【受託者】
例1　3人のうち誰かを受託者とする
例2　法人を設立して法人を受託者とする

私（Aさん）は、駅近のテナントビルを所有しています。このビルは医療モールとして運用しており、現在この不動産から大きな収入を得ていますが、私（Aさん）が死んだら、子ども3人に受け継がせようと思っています。

不動産を子ども3人で共有するということになると、不動産の運用方針を3人の話合いで決めていくこととなると思います。もし、子どもたちの間で意見が対立してしまったり、仕事等の理由で管理に携わるのが難しい子どもが出てきた場合、うまく運営の方針を決められなくなるのではないかと心配です。こうしたトラブルにならないよう、合理的に運営をしていくために、何かいい方法はないでしょうか？

これで解決！

家族信託を使って、不動産の共有状態を回避する

子どものうち1人を受託者とする

ひとつの物件を3人が共有して運用するのを避けるためには、子どものうち不動産管理がしっかりできそうな人を一人選んで受託者として信託契約をする方法が考えられます。

この場合には、不動産の名義を全てその受託者に書き換えて、信託後の管理、運営方針の決定はすべて受託者が一人で行うこととなります。他の兄弟と意見が食い違っても受託者となった人が決定権を有しているので、運営の方針を決められなくなることはありません。

法人を受託者とする手も

複数人で管理をしていきたい場合や、長期にわたって不動産を管理することが想定される場合は、法人を新たに設立し、その法人を受託者とする方法があります。

法人を受託者として活用する場合には、不動産を法人に信託をし、不動産の名義も法人に書き換えます。信託した後は、受託者である法人の役員が不動産の運用の方針を決定します。

信託契約をする前に法人を設立しておくことが必要で、その際には、法人の役員を誰にするかを検討します。今回のケースでは、あなた（Aさん）と3人の子どもたちが役員に就任し、その運営を合議で決めていくというルールを作ることができますし、あなた（Aさん）と、将来不動産の管理運用を担当する子供1人だけが役員に就任し、その2名で運営をしていくという方法を取ることもできます。受託者を法人とするメリットは、設立当初に決めた役員をいつでも簡単に変えることができるという点です。万が一、あなた（Aさん）が認知症になったり、役員の1人が急に亡くなったりしても、他に役員がいればその役員が不動産を管理することができますし、代わりの役員を追加で選任することも簡単にできます。

不動産から生じた収益は、受益者が受け取る

今回のケースでは、受益者をあなた（Aさん）、あなた（Aさん）が亡くなった後は、子どもたち3人を受益者としておくのがよいでしょう。そうすれば、あなた（Aさん）が元気なうちは、不動産の賃料収入をあなた（Aさん）が受け取ることができ、あなた（Aさん）が亡くなったあとは、子どもたち3人に賃料を3分の1ずつ受け取ってもらうことができます。

法人にするためには、維持コストがかかる

法人を受託者とするためには、法人の維持コストがかかります。

法人が儲かっていても、そうでなくてもかかる法人住民税の均等割（東京23区内であれば、7万円）、2年に一度、役員の任期毎に必要な役員変更登記費用（約4万円）、法人の決算

申告を税理士に依頼するなら、その顧問料や決算申告手数料等があります。法人を受託者とするかどうかを検討する際には、このような費用が発生することも頭に入れておかなければなりません。

信託終了時の分配方法についても考えておこう

先ほど説明したとおり、子どもの中から誰か1人を選んで受託者としても、法人を受託者としても、賃料収入や不動産を売却した時の売却代金などの収入は、受益者が受け取ります。受益者は、最初はあなた（Aさん）に、あなた（Aさん）が亡くなった後には子どもたち3人に移転するように設定します。

もし、あなた（Aさん）が亡くなった後、受益権を3人で持っている状態を解消したければ、どこかのタイミングで子どものうち1人が他の兄弟から受益権を買い取って単独所有にするか、不動産全体を売却し、現金で三等分にしてしまうことができます。

信託法のルールで、今回のケースの信託では、不動産を信託した状態を永遠に続けることはできないことになっています。信託を使って財産を引継ぐことができるのは、おおよそ次の世代～三世代先の子どもや孫、曾孫までが限界です。信託が終了すると、不動産の名義を受託者からそれぞれの受益者に書き換える必要があります。もし、この時点で、受益者が複数名いるような場合には、不動産が共有状態になってしまうため、それまでに受益権を複数名で持っている状態を解消しておくことも考える必要があります。

結果どうなった？

不動産の管理については次男を受託者として信託契約を行いました。そのため死亡後も不動産を共有状態にすることなく、受益権の分配によって、賃料はほかの兄弟と平等に分けることができました。

また、兄弟がみな元気なうちに、高値で不動産を買い取りたいという方が現れたため、将来不動産の権利が相続人たちに複雑に分散することなく、売却によってうまく財産を分けることができそうです。

第3章

跡継ぎ問題と家族信託

自分や親が亡くなった後、その財産をどうするのか。旧来の相続の方法では遺産をめぐって家族や親族が争ってしまうことも多々ありました。

そんな相続のトラブルを防ぐためにも、有効な手段となっているのが、家族信託です。死後、本人の知らないところで、望まないような事態を起こさないために、本人の願いを遺族たちが継承していくために、さまざまなケースに合わせた契約が可能な家族信託、その内容を具体的に見ていきましょう。

相続って何？

相続とは、ある人が亡くなったとき、その人が所有している財産を、配偶者や子どもなど特定の誰かが引き継ぐことを指します。財産には、お金や株式などの有価証券、動産・不動産の他にも、さまざまな権利や義務が含まれてきます。著作権や特許権、賃借権や、借金などの債務も、相続する対象に含まれます。

相続においては、亡くなった人のことを**被相続人**《ひそうぞくにん》、財産を引き継ぐ人を**相続人**と呼びます。

相続には大きく3つのパターンがあります。すなわち、民法で定められた人が決められた割合を引き継ぐ「法定相続」、亡くなった人が書いた遺言のとおりに相続する「遺言による相続」、また相続人全員が話し合って遺産をどう分けるか決める「分割協議による相続」です。これらの方法によって、誰がどの財産をどれくらいもらうかということが決まることになります。

法定相続人になれるのは、配偶者か、血の繋がった家族（血族）です。配偶者は必ず相続人となり、血族は亡くなった人との関係により優先順位が決まっています。

遺言については、「自筆証書遺言」「公正証書遺言」「秘密証書遺言」の3種類があります。自筆証書遺言は名前のとおり自分で書いた遺言、公正証書遺言は公証人が遺言者の指示によって書いた遺言、秘密証書遺言は自分で書いた遺言を封筒に入れて公証人役場に持っていき、遺言の存在を認める確認をしてもらうというものです。

これらの遺言書は、見つけた人が勝手に開けて中身を確認することはできません。もし勝手に開けてしまうと、その人が自分に有利なように内容を書きかえたのではないかと、他の相続人が疑うことになりかねないからです。もし遺言書を発見したならば、開封せずに家庭裁判所に持っていき、**検認**《けんにん》をしてもらう必要があります。ただし、公正証書遺言の場合にはあらかじめ公証役場によって内容の確認がされ、原本が保管されていますので、検認は不要となります。

それぞれにメリット・デメリットがあるので、表で確認をしておきましょう。

メリット・デメリット

	自筆証書遺言	公正証書遺言	秘密証書遺言
内容	遺言をする本人が書き、捺印した遺言	遺言者の意思を伝えられた公証人が書き、遺言者・公証人と２人以上の証人が、内容を承認して署名・捺印した遺言	遺言をする人が書き、捺印して封印したものに、公証人と２人以上の証人が署名・捺印した遺言
メリット	・費用はほとんどかからない	・遺言の内容を公証人がチェックしてくれる ・裁判所の検認手続きがいらない	・遺言の内容を公証人にも秘密にできる
デメリット	・紛失や偽造の可能性がある ・裁判所の検認手続きが必要 ・遺言書の内容によっては無効になることも	・費用がかかる	・裁判所の検認手続きが必要 ・遺言書の内容によっては無効になることも ・費用がかかる

また、遺言者は、遺産の管理や分配など遺言の内容を実行してくれる人を**遺言執行者**《ゆいごんしっこうしゃ》として、遺言の中で決めておくことができます。遺言執行者は、相続人の意思と関係なく遺言の内容を実行することができます。もし遺言執行者が遺言の中で指定されていなかった場合には、家庭裁判所で選んでもらうこともできます。ただ、遺言執行者は必ずいなくてはいけないというわけではありません。

相続の際に気を付けたい相続税

相続は、誰かが亡くなれば必ず発生するものです。このときに、相続する財産が一定額を越えると、相続税が発生することになります。一定額というのは「基礎控除額」のことで、これは「3000万円＋600万円×法定相続人の数」という計算式で算出します。

実際に計算してみると、法定相続人の数に応じて次のような額が出てきます。

・1人＝3600万円
・2人＝4200万円
・3人＝4800万円

・4人＝5400万円
・5人＝6000万円

この額を超える財産があれば、相続税が発生することになります。この場合は相続の開始を知った日の翌日から10カ月以内に、申告と納付を行わなくてはなりません。

相続税の対象となるものには、現金・預貯金や株式、投資信託などの金融財産や、土地や建物などの不動産、また車などの動産や、著作権や特許権などの権利があります。死亡保険金や死亡退職金については、特例により500万円×法定相続人の数で算出された額を超えなければ、非課税となります。

この相続税を払うと財産は大きく減ってしまうため、多額の財産を持っている場合には相続税対策を行う必要があります（令和元年6月時点、税率や特例は変更される可能性があります）。

この対策には、一定額以下の生前贈与をコツコツ行うことによって本人の財産をあらかじめ減額しておくことや（生前贈与は年間110万円までは非課税となります）、一定額を超えない範囲で生命保険を契約したり、不動産購入や建築をしたりなど、さまざまな手段があります。

相続税の対策として、生前贈与で財産の所有者を移す方法も

財産を誰か他の人に渡す手段としては、生前贈与もあります。その名のとおり、財産の持ち主が生きている間に財産を贈与することを指します。贈与は民法で規定されている契約のひとつで、財産をあげる人を贈与者《ぞうよしゃ》、財産をもらう人を受贈者《じゅぞうしゃ》と呼びます。

この生前贈与にも、税金はかかります。贈与税は基礎控除額が年間１１０万円となっており、これを越える額が贈与されたときには税金を納めなくてはなりません。原則、贈与税は相続税より高く設定されているため、注意が必要です。ただし、贈与されたお金の使い道が住宅購入や教育資金、あるいは結婚・子育て資金の場合には、一定額を限度として贈与税は非課税となる特例があります。

生前贈与をした場合には、一度渡した財産を取り戻すということはできません。ですから、孫に財産を贈与しすぎてしまい、後に介護が必要になったときや、老後の生活資金が苦しくなったときに、孫からお金を取り戻すということはできません。子どもや孫に贈与をしたいと思ったときには、その点に注意が必要となってきます。

旧来の相続の問題をカバーする家族信託

必要なのは、相続税の対策だけではありません。相続での無用なトラブルを避ける相続対策も必要です。

旧来の相続対策の代表として、遺言があります。

現在でも、遺言は数多くの方に利用されていますが、デメリットも存在します。

・デメリット① 遺言で決めることができるのは、遺言を書いた人が亡くなった場合の相続のみ

相続対策を考える際に、自分の財産を、まずは息子に相続させて、その息子が亡くなった時に、孫に相続させたいなどとお考えの方がいます。

しかし、遺言で決めることができるのは、「遺言を作成した人が亡くなった場合に誰に財産を相続させるか」という点のみです。息子が亡くなった時の相続については、自分の遺言で決めておくことができません。つまり、二世代先の相続について、決めておくことができないのです。

・デメリット②　遺言は、いつでも撤回できてしまう

遺言は、法律上、いつでも撤回できるルールになっています。

今日書いた遺言と違う内容の遺言を次の日に書いてしまえば、古い遺言は無効になります。このルールがあることにより、たとえ、全ての相続人に対して平等な遺言であっても、将来自分に財産を多く相続させて欲しいと思っている相続人が、他の兄弟に黙って自分に財産を相続させてもらえるような遺言を書くことを親に勧めることもあります。

・デメリット③　生前の財産管理のルールを決めておくことができない

遺言で定められるのは、あくまで遺言を書いた人が亡くなった後の財産の承継先についてのみです。

従って、生前に本人の財産をどういう風に管理していくかを決めることはできません。

生前の親の財産管理をしている兄弟が、他の兄弟に黙って親の財産を使ってしまうことがあります。たとえ、親の介護費や医療費で使っていたとしても、他の兄弟から不信感を持たれてしまい、仲が悪くなってしまうというケースがよくあります。

この①〜③のデメリットを、家族信託は一気に解決してくれます。

・デメリット①の解決方法

家族信託であれば、二世代先の相続方法を予め自分の思うように決めておくことができます。自分が生きている間の受益者を自分とし、自分が死亡したら受益者を長男、長男が死亡したら、受益者を孫と、予め財産を受け取って欲しい人を、受益者として決めておくことで、孫に財産を遺してあげることができます。

・デメリット②の解決方法

遺言がいつでも撤回できるというルールは、絶対不変のルールであり変えることができません。たとえ、遺言の中に、「この遺言は撤回しません。」と書いたとしても、その部分の定めは、意味をなさず、新しい遺言が書かれれば新しい遺言が優先されます。

家族信託であれば、信託契約の内容を工夫し、撤回ができない内容にしておけば、撤回できない家族信託が有効に成立します。

つまり、家族信託を遺言書の代わりに作成すれば、撤回できない（変更できない）相続対策が可能になるというわけです。

・デメリット③の解決方法

家族信託は、本人が生きているうちから使うことができ、本人の代わりに受託者が財産管理する方法を決めておくため、生前の財産管理のルールが明確になります。

また、親の財産の使い道について、一定期間毎に他の兄弟へ報告する義務を設ける等、将来相続人間で揉めることが無いようにするためのルールを工夫して作ることができるのです。

事例3-1

こんなときどうする？

子どもに障害があるが、自分の死後に家族のサポートを受けるにはどうしたらいい？

（72歳・男性）

[登場人物]

委託者　**あなた（A さん）**
受託者　**長男か長女**
受益者　**次男**

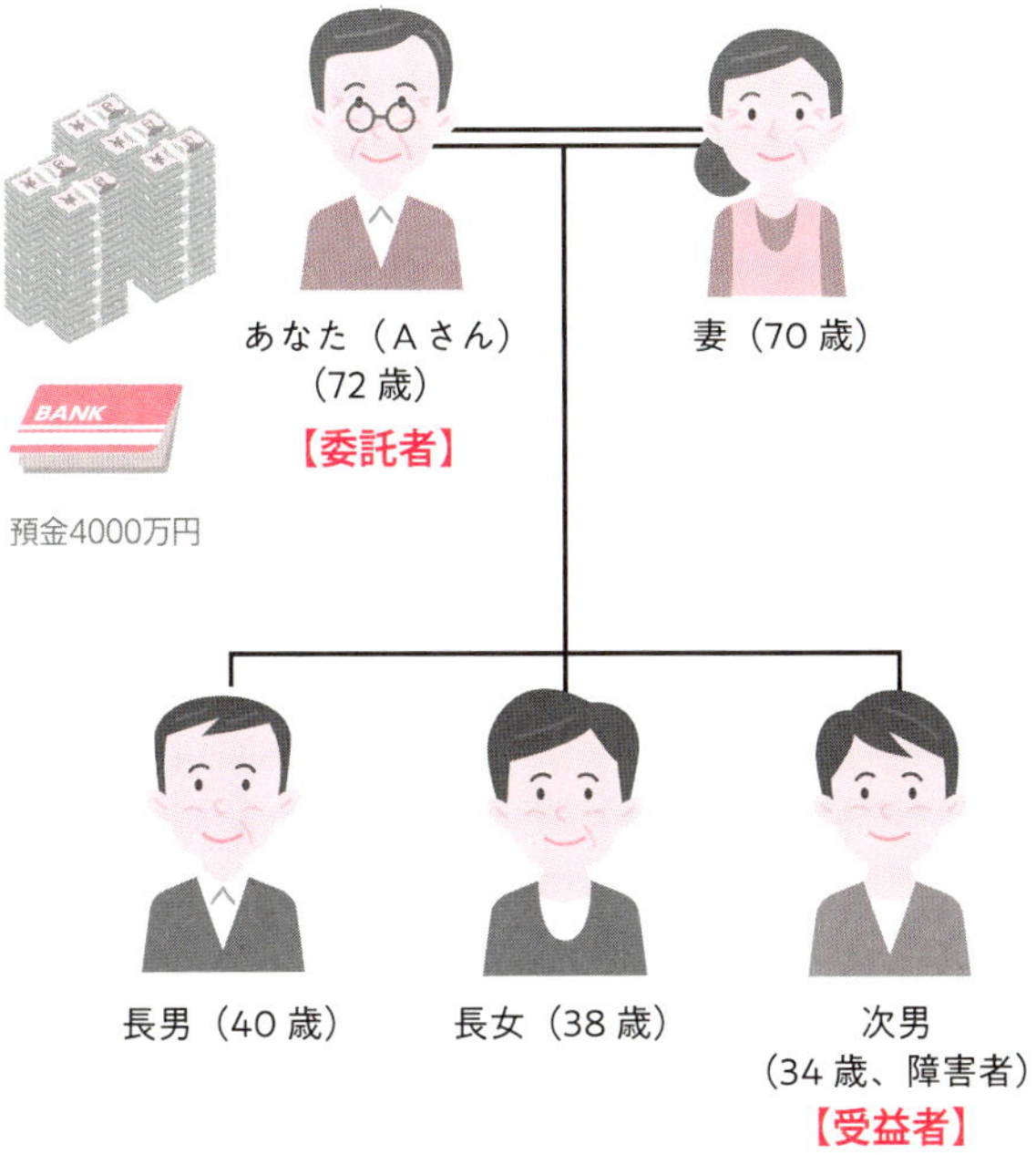

【受託者】長男か長女を受託者とする

私（Aさん）たち夫婦には3人の子どもがいます。このうち、34歳の次男が障害を持っていて、完全な自立ができていません。次男は現在私たちと同居して生活をしており、長男と長女はそれぞれ家族とともに離れて暮らしています。

私（Aさん）たちも高齢になってきており、この先亡くなった場合には、次男は兄・姉などの協力を得て生活をしていく必要があります。遺産はある程度残せるので、それを活用して長男・長女がしっかりと次男の面倒を見る仕組みを作りたいと思っています。

このとき、たとえば面倒を見る代わりにその対価を受け取るといった仕組みを将来にわたって作ることはできるでしょうか？

これで解決！

次男のサポートも報酬も、家族信託で約束することが可能

長男か長女を受託者として信託契約を締結

この場合は、次男の今後の生活資金として、ある程度まとまった金額の金銭を信託財産として長男ないしは長女を受託者とする信託を行います。そして、両親が亡くなった後には次男のためにその資金を使用する信託契約を締結します。

また、次男の面倒を見る長男・長女には、信託報酬という形で対価を受け取ってもらうように設定しておきましょう。こうすることで、両親亡き後も責任を持って次男の面倒を見てもらえるようになるでしょう。

契約に当たっては、次男の面倒を将来にわたって見ていくのが誰かというのをまず決めます。この際、もし受託者となった人が病気やケガなどで任務を継続することができなくなった場合には、もう一人の兄姉が変わって受託者となることを規定しておくとよいでしょう。

また、受託者は次男の生活を支援する代わりに、対価として*信託報酬を受け取れる内容にしておきます。

死後や認知症発症後など、想定に応じて設定を

受託した長男あるいは長女は、両親亡き後に次男の生活支援に従事する代わりに、信託報酬を受け取ることになります。

信託報酬…受託者の仕事に対して支払われる報酬のこと。信託財産の中から支払われる。家族信託においては受託者が家族になるケースがほとんど。そのため、受託者への報酬は無償とするケースが大半です。しかし、委託者と受託者の合意があれば、信託報酬を設定することも可能となっています。

信託は次男がなくなった時点で終了することとし、そのときに資金が残っていれば、残りの兄姉に分配されるようにしておきましょう。

また、このケースでは両親が亡くなった時点で運用がスタートする設定になっていますが、両親が認知症などで次男の生活サポートができなくなったときに備えるのであれば、認知症で意思無能力となった時点で信託を開始し、受託者が親の資産を管理し、次男の生活支援をスタートするという方法をとることもできます。資産管理と次男の生活支援とを長男・長女がそれぞれに行うように、それぞれと契約を締結することもできます。

受託者の責任放棄を避けるためには

こういうケースでは、万が一、受託者となって次男の生活支援をするはずの人がその責任を放棄してしまったら、と心配になる人もいると思います。

そんな場合に備えるには、信託監督人という立場の人を設けることもできます。**信託監督人**とは、受託者が信託契約の内容に沿った財産管理をしているかを監督する立場の人です。長男・長女どちらかが受託者になったけれども、その責任を放棄してしまった場合には、受託者の解任や後継者の選任を、信託監督人が行うように定めておけば安心です。

信託監督人には、信頼できる親族や、信託に精通した司法書士などの専門家に依頼することが可能です。

結果どうなった？

この信託契約を締結したことにより、子どもたちが将来やるべきことが明確になり、家族全体での共通認識が生まれました。

次男の生活サポートは長女が行うように信託契約を行いましたが、信託報酬を定めたことで納得感も生まれ、次男も安心した様子です。このまま私たちが亡き後も、３人の子どもたちが疎遠になることなく協力して生活していってもらえればと思います。

事例3-2

こんなときどうする？

浪費癖があり心配な子どもがいます。私たち両親の死後に遺産を残せても、その使われ方が心配です

（78歳・男性）

［登場人物］

委託者　**あなた（Aさん）**
受託者　**子ども**
受益者　**子ども**

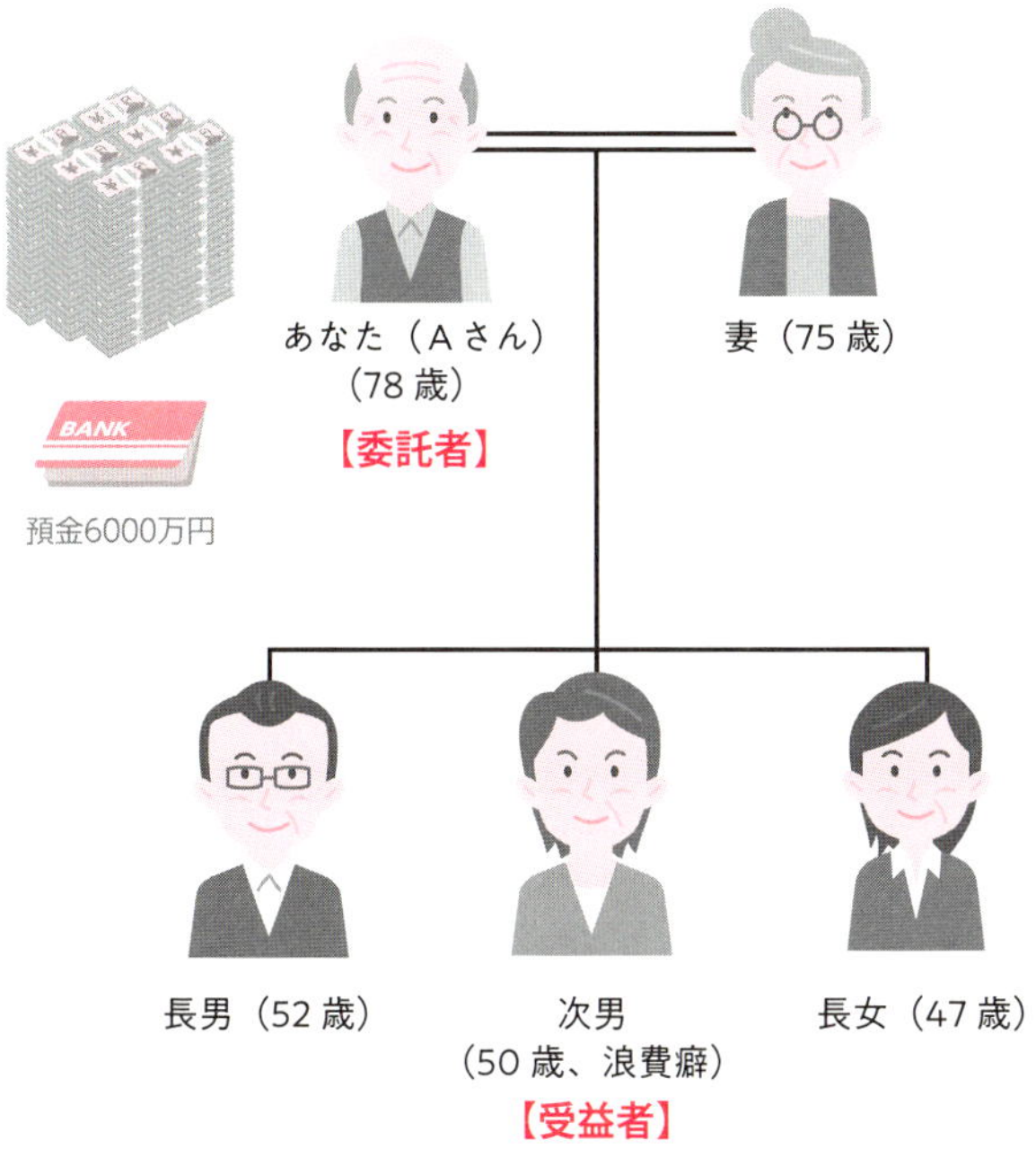

【受託者】長男か長女を**受託者**にする

私（Aさん）たち夫婦には長男（52歳）・次男（50歳）・長女（47歳）と子どもが3人いますが、そのうち次男が放蕩息子で浪費癖があります。そのため、私（Aさん）の死後、相続によって多額の現金が一度に渡ってしまうと、一気に使ってしまい、金銭感覚が狂ってその後の生活に支障が出ないかと心配です。

当然、私（Aさん）の遺産が子どもたちの生活の足しになればと考えてはいるのですが、次男に関しては一気に遺産を渡してしまうのではなく、少しずつ渡すなどして下手な使い方ができないようにしたいと思っています。信託契約で、そのようなことができるのでしょうか。

これで解決！

長男か長女を受託者にし、次男を受益者にして受託者が現金を管理する

受託者の子どもの代まで管理者を決めておこう

この場合は、次男以外の兄妹のうちどちらかを受託者として現金を信託し、その受託者の管理によって次男にお金を少しずつ渡していく信託契約をするのがよいでしょう。

まず長男又は、長女を受託者として現金を信託し、父の相続が発生した場合、次男については一度に全ての現金が渡るのではなく、毎月10万円～15万円など一定の額が渡されるようにします。この信託契約では次男は受益者となります。受益者は契約の当事者とはなりませんので、家族信託は受益者に知られずに行うことができます。

このとき、長男や長女の子供など、次世代に受託者の役割が引き継がれていく内容で契約を作っておくとよいでしょう。当初の受託者である長男や長女は次男と年齢が近いため、共に高齢になり、受託者の任務を継続することが難しくなることが考えられるからです。そのときのために、それぞれの子どもなどに管理をバトンタッチできる形の契約にします。

信託が終了したら残金は受益者や相続人で分配

相続の発生後、次男は数千万円という遺産を一気に受け取るのではなく、毎月決まった額を定額で支給される形になります。次男は遺産により生活ができるので、兄妹や他人に迷惑をかけることはありませんし、大きな金額を一気に散財してしまうリスクもありません。

この信託契約では、必要に応じて受託者に*信託報酬を受け取ってもらえるようにするなどの方法で、受託者が責任や納得感を持って管理できるようにしておきましょう。

信託は次男が亡くなった時点で終了します。このときに残った財産は、受益者やその相続人に引き継がれていきます。

生前から少しずつお金を渡したい場合は？

相続税対策として、生前に毎年少しずつ、お金を子どもに贈与する**暦年贈与**《れきねんぞうよ》（109ページのコラム参照）という方法がありますが、この次男のように子どもに浪費癖があったり、子どもがまだ若かったりする場合には、子ども名義の口座を作ってそこに預金をして、通帳と印鑑を親が保管して簡単に使えないようにしようと考える人もいるかもしれません。

しかし、このような方法をとってしまうと、浪費の防止にはつながりますが、相続税対策にはならない可能性が高くなります。

なぜなら、現金を贈与したことにして子ども名義の銀行口座に預金しておいたとしても、実際には親が口座を管理していたという場合には、相続税の計算上、その口座の預金は親のものとみなされてしまうからです。このような、口座の名義人と真の預金者が

信託報酬…家族信託においては受託者が家族になりますから、受託者への報酬が不要になるケースが大半です。しかし、委託者と受託者の合意があれば、信託報酬を設定することも可能となっています。

異なる預金のことを**名義預金**と言います。

暦年贈与も信託を活用することで、名義預金とみなされるリスクを避けながら本人が消費してしまうことも防ぐことができます。たとえば「父親＝委託者」、「母親＝受託者」、「子ども＝受益者」として、父親の財産から毎年100万円を信託契約し、受託者が必要と認める範囲で受益者に金銭を払い渡すという内容を設定するという方法です。父が自分の現金を信託し、実際に信託された現金を使うことができるのは、受益者である子どもです。

つまり、父から子どもに対して贈与がなされたととらえることができます。子どもは信託された財産を使おうと思うと、受託者である母親に対して、払い渡してくれるよう依頼しなければなりませんので、無駄遣いをすることなく、現金の贈与を受けられるというわけです。また、実際に現金を子どもが使っていますので、名義預金とみなされるリスクも避けることができます。

この場合の受託者は、委託者と同じ父親が担ってもかまいません。受託者と委託者が同一人物になる場合の信託を**自己信託**と言います。自己信託は、信託契約ではなく***信託宣言**を行うことによって開始します。信託宣言は、***公正証**

信託宣言…委託者自らが受託者となり、自分の財産を他人のために管理運営する自己信託では、公正証書を作成するなどの信託宣言が必要となります。それは、財産を管理する人が信託以前と以後とで変わらないため、どの財産をどのタイミングで信託を始めたのか、外部に対して明確にしておく必要があるためです。
公正証書…公証人法に基づき、公証人が本人や関係者の嘱託によって作成する公文書のこと。公証人は裁判官や検察官、法務局長などの経験がある法律の専門家から、法務大臣によって任命されます。公正証書を作るときには、公証人は本人や関係者から遺言や契約などの内容を聞いたうえで、法令に違反していないかを確認してから作成します。

書等の書面で行う必要があります。

結果どうなった？

長男である私が受託者となる形で信託を締結した後、父が死亡しました。信託契約のとおり、次男には一気に大きな額を渡さず、毎月15万円を私から渡すようにしています。おかげで次男は大きな金額を一度に散財することなく、また生活費が足りないと言って兄妹や他人に迷惑をかけるようなこともなく、安定した生活を送るようになっています。先にこのような契約ができたために、相続の際に兄妹で揉めることもなく安心でした。

Column 暦年贈与とは？

暦年贈与とは、贈与税が課税されない範囲の額（年間110万円以内）で現金などの財産を親から子や孫に贈与し、親の相続発生前に財産を減らしておくという、相続税節税手法の一つです。

贈与税は、暦年（1月1日から12月31日まで）に、贈与を受けた方が受け取った贈与額の合計をもとに計算されます。

年間の贈与を受けた額が合計110万円以下であれば、贈与税はかかりません。

なので、例えば、毎年2人の孫に110万円ずつ、10年間にわたって贈与し続けたとすると、無税で合計2200万円親の財産が減ることとなり、その分相続税の節税につながるというわけです。

しかし、上記のような贈与をする場合に、「向こう10年間、毎年110万円を贈与します」という契約にしてしまうと、この契約の時点で、将来的に1人当たり1100万円ずつ贈与を受けることが確定しているということで、契約を締結した年に、それぞれの孫に1100万円の贈与があったものとみなされて、贈与税の課税がされてしまうことになっています（このような贈与を、連年贈与と呼びます）。

なので、暦年贈与によって相続税対策を実行する場合には、連年贈与とみなされないよう、毎年新たな契約として、110万円の贈与契約を行い、一括で将来の分まで契約しないように注意する必要があります。

事例4-1

こんなときどうする？

持っている土地を「長男↓次男の子ども」という順番で継がせたい

（77歳・男性）

［登場人物］

委託者　**あなた（Aさん）**
受託者　**子ども**
受益者　**①あなた（Aさん）→②子ども→③孫**

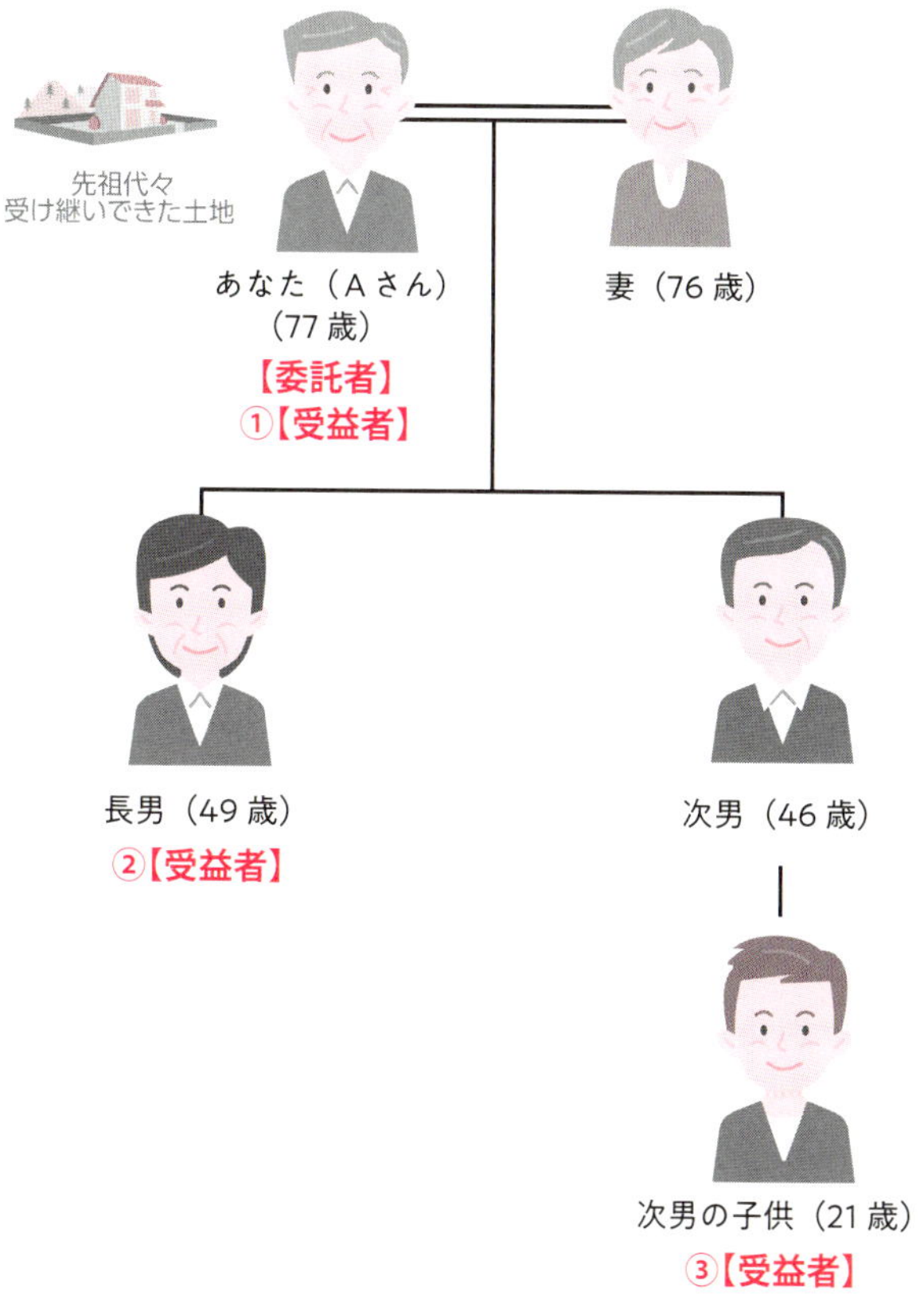

私（Aさん）は地主の家系で、現在自宅がある土地は先祖代々受け継いできたものです。今後も子孫に長く受け継いでいってもらいたいと願っているのですが、49歳の長男には子どもがいません。46歳の次男には子どもがいるので、長男に土地を受け継がせた後は、次男の子どもである孫に受け継がせたいと思っています。

ですが、遺言では二世代先の遺産承継までは決められません。何か方法はないでしょうか。

これで解決！

信託契約なら2代先でも承継者を決めておける

受益者を自分→長男→孫（次男の子）の順番に設定

遺言では、自分の財産をどのように分配するかを決めることはできますが、その後、財産を受け取った人が誰にそれを引き継ぐかということまでは指定することができません。つまり、長男に土地を継いでもらうということは指定できても、その次の代までは指定ができないということです。

こんなときは、土地を信託財産として、受益者を自分（Aさん）→長男→孫（次男の子ども）とする信託契約を締結するのがよいでしょう。こうすることで、遺言では不可能だった二世代先への遺産承継をあらかじめ定めることが可能となります。

もし、家族信託を使わずに、遺言によって長男に土地を受け継がせた場合、その後は長男が遺言によって次男の子どもに受け継がせない限り、長男の死後は土地の大部分の権利が長男の配偶者に渡ります。最終的には血縁的につながりがない、長男の配偶者の親族に土地の権利が移動することになるわけです。

このように受益者の承継を何代か先まで指定する信託、つまり受益者が死亡したら、次の人が受益権を取得することが定められている信託は、**受益者連続信託**と呼ばれています。

これは配偶者の認知症・介護対策にも使える手法で、たとえば自分（Aさん）の財産を、受益者を自分→妻→長男とし、受託者を長男とする信託をします。そうすれば妻は認知症などで意思能力を失ってしまっても長男から生活費や医療費の給付を受けることができます。妻が亡くなったときには信託が終了となって、残った財産は長男がすべて受け継ぐ。信託ではこのようにして自分の死後に、財産を誰のためにどう使うか、さらに財産を誰から誰のもとへ渡るようにするのか、前もって決めておくことも可能なのです。

受託者と受益者が重ならないように注意

この信託契約では、受託者を長男のみとしてしまうと、あなた（Aさん）が亡くなった後に受託者が受益権を取得したら、信託契約が終了してしまうという問題があります。信託法では、受託者と受益者が1年以上同一人物である状態が続いた場合、その信託は終了することとなっているからです。

ですから、受託者の選定にあたっては、その点に注意が必要となります。長男が受益権を取得した時点で、受託者を変更する契約にする、あるいは受託者を孫（次男の子ども）にするといった対策をとっておきましょう。

信託がスタートしたら、受託者は土地の管理や活用を行うことになりますが、最終的に孫に受益権が移転した時点で、信託は終了となります。

こうすれば、先祖代々の土地は血縁のある次男の子どもに確実に承継されることになります。

結果どうなった？

委託者が亡くなり、土地は長男に受け継がれましたが、その後長男が亡くなり相続が発生。このとき長男の配偶者とその他の親族の間で、長男の遺産に関して分割内容が決まらず、揉めごとに発展してしまいました。ただ、先祖代々の土地に関しては信託財産として私（孫）に承継されたため、揉めごとの対象になることなく、スムーズに承継ができました。大切な土地をこれからも守っていきたいと思います。

事例4-2

こんなときどうする？

今後、孫に入学祝い・就職祝いを確実に渡せるようにしたい

（68歳・男性）

［登場人物］

委託者　**あなた（Aさん）**
受託者　**子ども**
受益者　**①あなた（Aさん）→②子どもや孫**

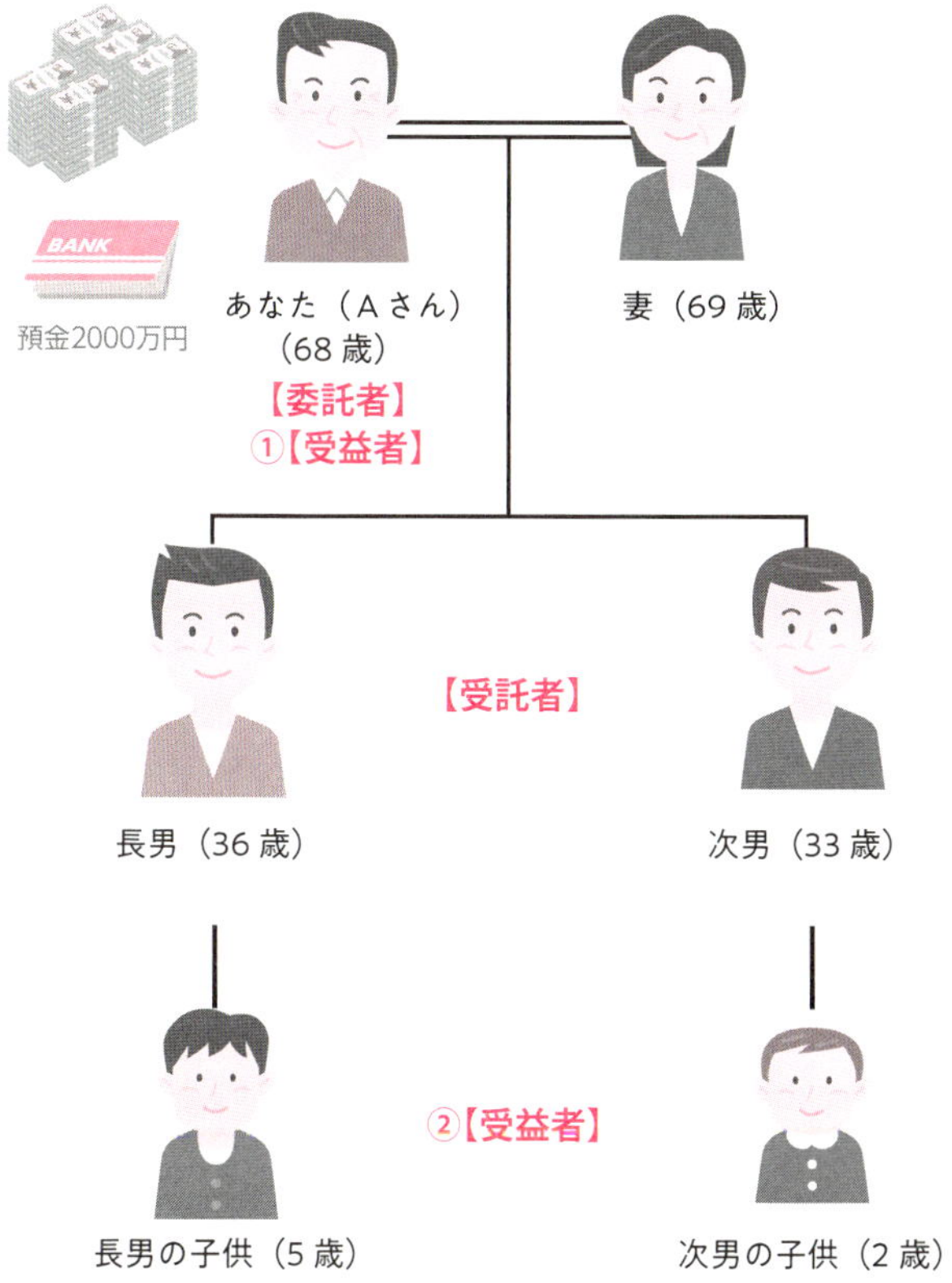

私（Aさん）たち夫婦には、長男のところに5歳の子どもが、次男のところに2歳の子どもがいます。これから孫たちが大きくなり、大学入学や就職など、人生の節目を迎えるときにはプレゼントやお金をあげたいと思っています。でも自分（Aさん）や妻が死亡してしまって、それができなくなってしまう可能性もあると思います。

自分たち（Aさん夫婦）が早くに亡くなってしまったとしても、孫にプレゼントを渡せるような仕組みはないでしょうか？

これで解決！

信託を使って息子たちに孫へのお祝いを託せる

信託終了を最年少の孫の大学卒業時に設定

信託を使えば、孫へ渡したいタイミングで、渡したい財産を渡すことも可能です。

この場合には受益者を最初は自分（Aさん）、自分の死後には孫とする信託契約を締結します。受託者は、長男・次男とします。契約内容としては、大学入学など、孫の人生の節目に資金援助などが行えるように条件や額を定めておきます。そして、最年少の孫が大学を卒業することをもって信託が終了する契約にします。

信託開始当初は、財産はあなた（Aさん）のために使うことができます。最年少の孫があなた（Aさん）の生前に大学を卒業すれば、あなたは自分自身で孫たちにお祝いを贈ることができ、信託契約は終了となります。もしあなた（Aさん）が孫が大学を卒業する前に亡くなっていれば、受託者である長男・次男は、受益者を引き継いだ自分たちの子どものために信託財産を使い、お祝いを贈ります。

最年少の孫が大学を卒業して信託終了となったとき、残余財産がある場合には、受益者だった孫などに分配されます。

結果どうなった？

父は71歳の誕生日で亡くなってしまいました。なので、子どもたちの大学入学や成人に立ち会うことはかないませんでした。しかし、信託してもらっていたおかげで、子どもたちの

人生の節目には「父から」ということで資金の援助を行うことができ、子どもたちも喜んでいました。きっと父も天国で満足していることと思います。

BANK

事例5-1

こんなときどうする?

自分の死後、遺産を慈善事業に寄付したい

（77歳・女性）

[登場人物]

委託者	**あなた（Aさん）**
受託者	**第三者**
受益者	**慈善事業者等**

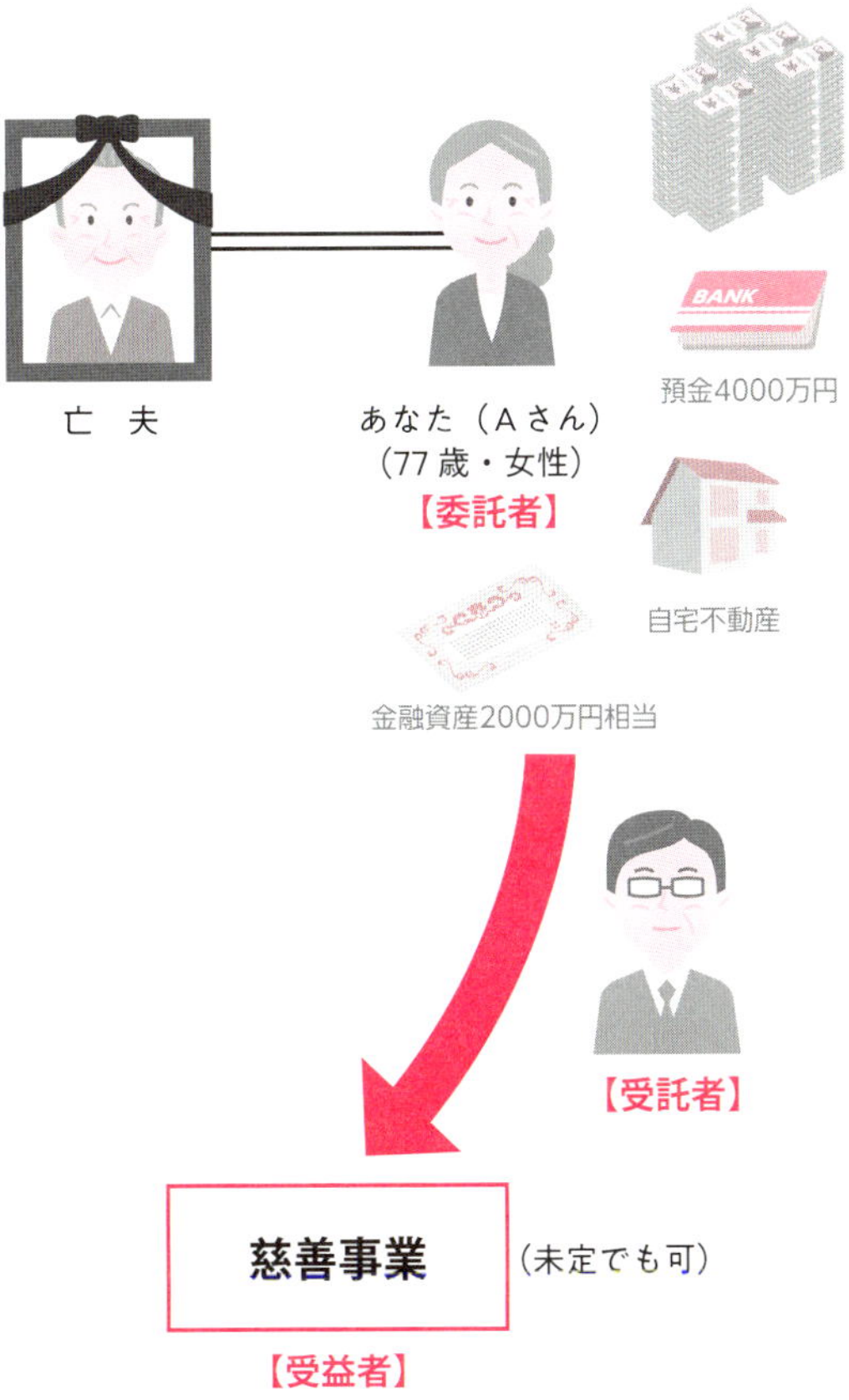

夫は数年前に亡くなり、子どもや孫もいないため、私（Aさん）が亡くなったときには遺産を何か世の中の役に立つ慈善事業に寄付をしたいと考えています。現在持っている資産は、預金4000万円、金融資産2000万円相当、自宅不動産となります。自分（Aさん）が認知症などになった場合には、この資産から介護や治療費を捻出し、残った資産を寄付にあてたいと考えています。

寄付先については、現時点では決まっておらず、私（Aさん）が死んだ後にでも信頼できる友人に決めてほしいと考えています。これを信託契約によって任せることはできるのでしょうか。

これで解決！

遺言信託を活用して寄付することが可能

受託者がいない場合は公益信託も

このケースでは、自分が亡くなったと同時に信託の効力が発生するような遺言を書くことが有効でしょう。このように遺言で作る信託のことを**遺言信託**と言います。

この信託では委託者はあなた（Aさん）、受託者は第三者（友達）、受益者は、特定の慈善事業者と定めます。そして信託財産の目的および管理方法の中で、財産を慈善事業に対して寄付する旨を定めておきます。

寄付したい慈善事業者が決まっていなければ、受託者である友人に決めてもらうこともできます。

ポイントは、受託者となってくれる人がいるかどうかです。信頼できる友達がいれば依頼するのがいいですが、その場合も必要に応じて*信託報酬を設定し、受託者の業務が重荷になりすぎないようにすることをおすすめします。

また受託者のなり手がいない場合には、信託銀行が受託者となる*公益信託を利用する方法もあります。この場合は公益信託そのものについて主務官庁の許可が必要となります。

受託者となる人の了解は法的には不要ですが、実際にそのときになって受託者を引き受けてくれない可能性もありますし、突然任されても困るという

信託報酬…家族信託においては受託者が家族になりますから、受託者への報酬が不要になるケースが大半です。しかし、委託者と受託者の合意があれば、信託報酬を設定することも可能となっています。

公益信託…信託銀行等が本人に代わって公益活動のために財産を管理運営する信託のこと。社会福祉や環境保全、学生への奨学金支給やさまざまな研究費助成などのために、この公益信託が活用されています。信託銀行等は、適切な信託事務を行うために主務官庁の監督を受けます。

公正証書…公証人法に基づき、公証人が本人や関係者の嘱託によって作成する公文書のこと。公証人は裁判官や検察官、法務局長などの経験がある法律の専門家の中から、法務大臣によって任命されます。公正証書を作るときには、公証人は本人や関係者から遺言や契約などの内容を聞いたうえで、法令に違反していないかを確認してから作成します。

人も多いです。ですから、必ず了解をとっておくようにしましょう。

遺言信託では、遺言書を作成して、自分の死亡とともに信託が開始する旨を定めます。この場合は*公正証書で作成することがベターです。

財産の名義は、あなたが亡くなったときに受託者名義に書き換えることになります。この手続きのために、遺言執行者も選任しておいてください。遺言執行者は、受託者と同一人物でOKです。

金融資産や不動産は売却や運用益で寄付

寄付先となる慈善事業団体等では、金銭での寄付しか受け付けないことが多いため、株式などの金融資産や不動産については、売却してその代金を寄付することになります。あるいは資産を運用して、その運用益を継続的に寄付していくこともできます。

こうした信託財産の管理や売却などの手続きは、すべて受託者が行うこととなります。ですから友達など第三者を受託者に選任するときには、あらかじめよく相談をしておくようにしてください。

信託契約は、信託財産がなくなった時点で終了となります。

特定寄附信託を使う手もある

先ほど、受託者のなり手がいない場合の手段として、公益信託という手もあると書きましたが、今は多くの主要銀行が「特定寄附信託」を取り扱っています。

これは、個人が信託銀行等に財産を信託し、その信託銀行等が契約している公益法人やＮＰＯなどに５年〜10年などの期間にわたって寄付をするというもので、銀行等によって信託期間、信託金額がそれぞれ定められています。

特定寄附信託では、信託銀行等が契約している公益法人やＮＰＯなどの中から、どこに寄付をしたいか決めることもできます。その信託銀行等の契約リストの中から寄付先を選べるので、「寄付はしたいけれどどこがいいかわからない」という人でも、決めやすいかと思います。また、寄附先から活動状況の報告を受けられるため、寄付金がどのように使われているかがわかって安心して寄付することができます。寄付先を変更することも可能です。

さらに、この特定寄附信託を使うと、寄付した旨を確定申告の際に申告することで寄付控除等を受けることもできます。また、その個人が亡くなった場合は、残った信託財産はそのまま公益法人やＮＰＯなどに寄付されます。

結果どうなった？

自分（Aさん）の資産を死後、単に誰に寄付するのかということのみを定められる遺言とは異なり、売却の時期、運用の方法を受託者に一任したり、あらかじめ細かく定めたりすることができるのが信託のメリットだと感じました。受託者としてお願いすることになる友達にも相談をしながら、どのような寄付先がいいか、どのように資産を使ってほしいか話し合うのも楽しみのひとつになりました。

Column　おひとりさまでも家族信託は活用できる？

平成以降、日本では生涯未婚率が急増しています。２０１５年の国勢調査では、50歳男性の23・４％、50歳女性の14・１％が過去に一度も結婚をしたことがないという結果に。「おひとりさま」という言葉もすっかり定着しています。

家族のいない人にとっても、自分が認知症になったり、亡くなったりしたときに自分の財産がどうなるかというのは大きな悩み事のひとつです。しかし、家族信託は基本的には家族など信頼できる受託者の存在を前提としていますので、独り身の方の場合にはあまり活用される事例はありません。

ここでご紹介した「自分の財産を寄付に使いたい」という事例では信頼できる友人がいるということで信託を活用する事ができましたが、頼れる方が誰もいない方の場合、家族信託ではなく、弁護士や司法書士と財産管理契約や任意後見契約を締結して認知症などに備えることとなります。

また、死後の資産の行き先について「こうしたい」という希望がある場合には、家族信託よりも遺言で対応することが中心となります。

ちなみに、最近では、司法書士や弁護士が独り身の方の財産管理や相続のサポートをするサービスも増えてきています。たとえば認知症前段階の「見守り契約」、認知症発症後に備える「任意後見契約」、死後の葬儀や納骨を代行する「死後事務委任契約」、「遺言作成」、病院や施設に入る際に必要となる身元保証人に専門家や法人が就く「身元保証契約」など、さまざまな場面を想定してサポートするサービスが出てきています。弊社でも、これらをワンセットにした、おひとりさまサポートサービスを提供しています。

将来的に自分が高齢者になったとき、誰も頼れる人がいないという場合には、ぜひこうしたサービスの利用を検討してみてください。

事例6-1

こんなときどうする？

高齢の父が最近、外国人女性と同居を始めました。父の資産が狙われているのではと心配です

（55歳・男性）

[登場人物]

委託者　**親**
受託者　**あなた（A さん）**
受益者　**親**

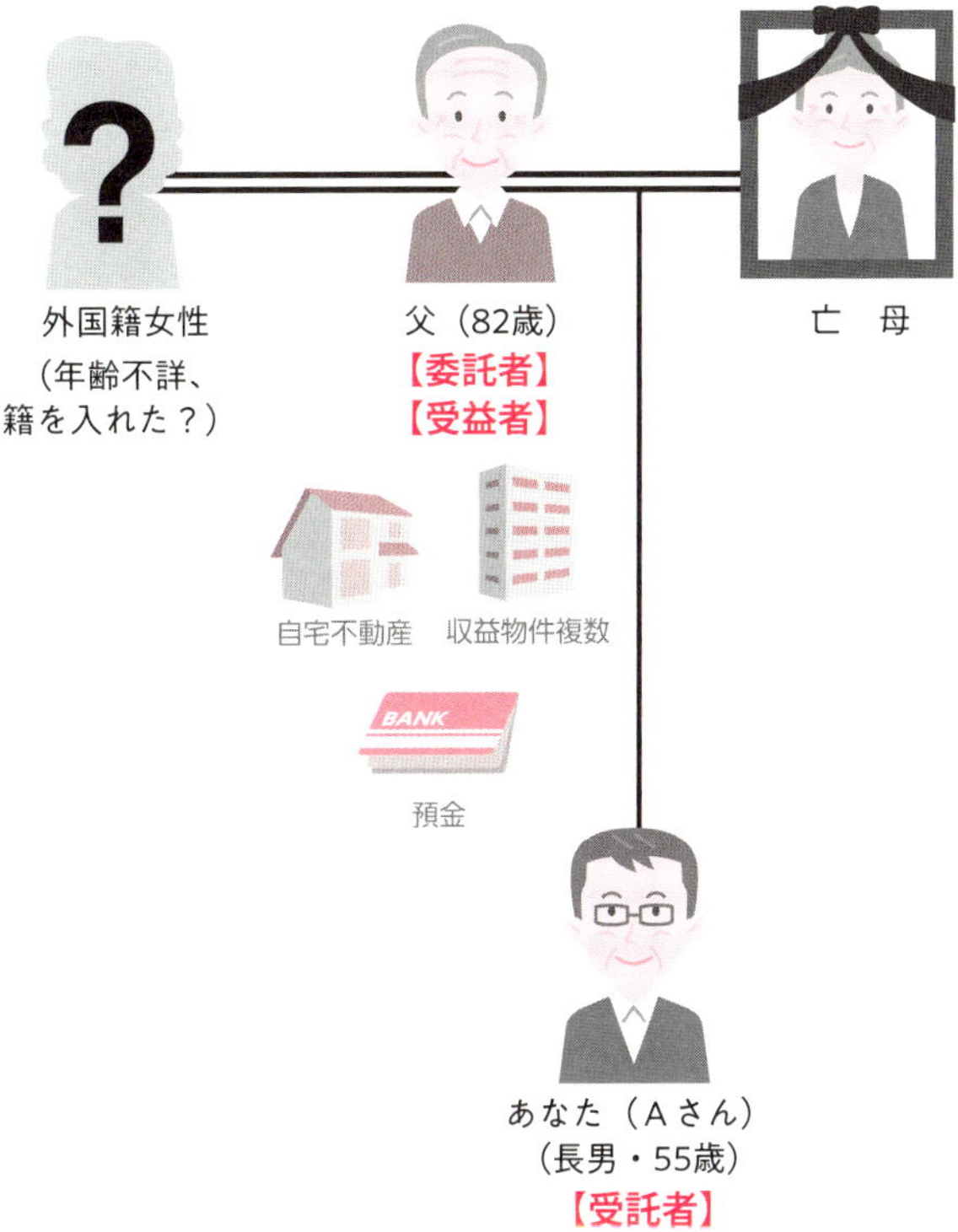

82歳の父とは昔からあまり仲が良くなく、あまり頻繁には連絡をしていませんでした。母が亡くなってから数年経っていますが、最近、外国籍の女性と同居し始めたと聞きました。籍を入れたのかどうかはわかりませんが、この女性は父の財産を狙っているのではと心配しています。父は自宅不動産や預金の他、収益物件も複数所有しています。

これらの財産を乗っ取られないために、何かできることはありませんか？

これで解決！

遺留分があればそれを確保した上で資産を守る

婚姻関係の有無によって信託内容が変わる

まずは婚姻関係の有無について戸籍で調査をするようにしてください。

父がその女性と婚姻をしていた場合には、父が亡くなったときにはその女性が遺留分権《いりゅうぶんけん》を持つため、その分は相手に分配する必要があります。なお、遺言や信託といった対策を何もしなければ、遺留分権の2倍にあたる法定相続分について、権利の主張をされてしまいます。

この場合には、婚姻関係を確かめたうえで、婚姻があれば信託終了時に女性の遺留分を確保した内容の信託を、婚姻がなければ女性に財産が流れない内容の信託契約を締結します。

あなたを受託者に、父を受益者にして資産管理を

信託契約では、あなた（Aさん）が受託者となり、父を受益者にします。

不動産については名義をあなた（Aさん）に変更、現金については*信託口口座《しんたくぐちこうざ》を受託者であるあなた（Aさん）が開設し、その口座に委託者である父の財産を移動します。書類関係や手続きについては、同居女性からの妨害に遭う可能性がある場合などは、相手の女性に勘付かれないように進めることも必要になるかもしれません。

信託契約が締結できれば、以降は受託者であるあなた（Aさん）が委託者である父の財産を管理することになります。あなた（Aさん）は必要に応じて、受益者である父の生活費や介護費、医療費を信託財産から工面します。

このように受託者が財産を管理することができれば、少なくともその範囲におい

信託口口座…信託した預貯金を管理する口座のこと。受託者の個人的な預貯金を管理している銀行などの口座とは別に、信託のために作る口座ですが、法律上開設が義務づけられているわけではありません。ただ、信託口口座を作らずに受託者自身の預貯金管理と同じ口座で信託した金銭を管理してしまうことにより、受託者の個人財産と信託財産が1つの口座で混ざり、トラブルが発生することも多々あるため、信託の際には開設しておいたほうが無難です。

ては外国人女性によって使い込みをされてしまうことはありません。父の死後には、信託契約の内容に従って財産を移転させます。

結果どうなった？

父の預金は外国人女性と同居してから、残高の減るスピードが加速していました。女性とは婚姻はしていなかったのですが、欲しいものなどをある程度自由に買ってあげていたそうです。父と私（Aさん）との間で現金の多くを信託したことで、この浪費を防止することができました。

父はその後亡くなりましたが、相続発生時にも、信託契約があったおかげで財産の帰属先が明確となり、外国人女性とも揉めることなく、手続きを進めることができました。

第4章

経営者のための家族信託

家族信託では、個人の財産管理だけでなく、企業の資産や経営を委託者の生前から自分の子どもなどに任せることも可能です。

自分や親が企業オーナーである場合、亡くなってからのことを考えて事前に信託契約を締結することで、生前から次の代に経営を実際的に学ばせながら、育成していくことができるのです。

自分が作り上げた大切な企業を将来的に守っていくためにも、家族信託を有効に活用していきましょう。

多くの経営者が悩む自社株の承継問題

少子高齢化が進む日本で、企業の後継者問題に頭を悩ませる人も増えてきています。子どもに事業を継がせることが決まっていれば良い、というわけではなく、親が亡くなってから突然、会社を継ぐことになった子どもが事業で失敗をしてしまうということも少なくありません。また、子どもが2人いて、兄弟で経営権をめぐって争いになってしまうというケースもよくあります。

中小企業などの事業承継においては、自社株と議決権をいかに後継者に引き継ぐかということが問題になってきます。

後継者に自社株を承継するタイミングがポイント

中小企業においては、株式会社の株式は創業社長がそのほとんどを保有していることが多く、創業社長から後継者に経営権（会社の代表権）を引き継ぐタイミングで、自社株式も一緒に引き継ぐことができれば、スムーズな事業承継が可能です。しかし実際には、株式の引き継ぎのタイミングで様々な問題が発生します。例えば、株式を後継者が買い取る方法により引き継ぐことを考えたとしても、株価が高く、後継者が銀行からの借入れなどをしなければば株式の購入資金の準備ができない場合や、後継者が創業社長から見て未熟であり、会社の経営権と株式の全てを渡してしまうことに抵抗がある場合等があります。経営権の引き継ぎのタイミングで、株式も一緒に引き継ぐことが、スムーズな事業承継のポイントであるため、このような問題を解決するために家族信託が大いに活躍します。

贈与税のかからない自社株信託

自社株の信託では、創業社長と後継者の間で、創業社長を委託者兼受益者、後継者を受託者とする信託契約を締結します。

株式を持つことによって得られる権利には、会社の運営を決める議決権と、事業から得られる利益を配当として受け取る権利があります。

株式を後継者に信託すると、その2つの権利のうち、議決権だけを受託者（後継者）に渡して、配当を受け取る権利（受益権）を受益者である創業社長が持つという形になります。

つまり、株式を信託すれば、重要な事項の決定は後継者が行い、事業から生じた利益は、配当として創業社長が受け取るということになります。

税務上のルールでは、配当を受け取る権利（受益権）が移転したときのみ、贈与税や譲渡所得税等が課税されることになっているため、信託を使って議決権を後継者に渡したとしても、受益権を創業社長が持っているかぎり、税金が発生することはありません。

譲渡してしまうと税金が高額になり、株式を後継者に渡すことができなかった場合でも、信託を使って議決権のみを後継者に渡し、配当を受け取る権利（受益権）を引き続き創業社長に持っていてもらえば、税金を支払わずに株式を後継者に承継することができるわけです（この場合、株式を売買するわけではないので、買取資金の調達などの問題も発生しません）。

後継者が未熟な場合の自社株の信託

信託した後は、議決権を受託者が持つようになります。しかし、創業社長から見て後継者が未熟で、完全に議決権の行使を任せてはおけないと感じるような場合には、創業社長が「指図権」を持っておくということも可能です。**指図権***とは、受託者がどのように財産の管理運営を行うかということについて指図できる権利です。受託者である後継者が株主総会で議決権行使する際に、創業社長の指図に基づいて議決権を行使するという仕組みにするのです。

指図権…信託契約によって委託者または受益者に与えることのできる権利ですが、信託法において規定はされていません。指図権者は、その財産の管理・処分や、株式の議決権の行使の方法や判断を、受託者に対して指図することができます。

後継者が育って、一人で経営ができるようになれば、指図権を消滅させ、それ以降、後継者が一人で会社の運営方針を決めていくことができます。

自社株式の分散にも対応

会社の運営方針（役員の決定、配当金の支払い等）を決定するためには、株主総会での決議が必要です。株主総会には、その会社の株式を持っている株主が出席し、会社の運営方針について、議決権の過半数の賛成をもって決議をしていきます。

ただし、議題が重要な内容（定款の変更、役員の解任、合併など）の場合には、その決定には議決権の３分の２を持つ株主の賛成が必要となります。

従って、会社経営者が自ら考えた方針に基づいて株式会社の運営を決定するためには、株式の議決権の３分の２を保有していることが望ましいといえます。

しかし、相続などの様々な理由により、多数の株主に株が分散して所有されており、経営者の持つ株式だけでは３分の２を満たすことができないという悩みを抱えている会社も多く存在します。このような場合にも信託で問題の解決を図ることができます。

すなわち、各株主から会社の経営者が株式の信託を受け、議決権を自らのもとにまとめ、会社の事業から生じる利益は、配当として各株主に還元するという形にするのです。信託をした株主は、議決権を失うことになりますので、その点を納得してもらう必要がありますが、一般的には、経営に深く関与していない株主は、議決権にはあまり興味はなく、配当さえもらえれば問題ない、というスタンスを取っていることが多いので、交渉は進めやすいケースが多いです。本章では、この方法も詳しく説明します。

BANK

事例7-1

こんなときどうする？

自分が一代で築いた会社の自社株を後継者に承継させたいが、現在は株価が高くすぐに譲り渡すことができません

（65歳・男性）

［登場人物］

委託者　**あなた（Ａさん）（経営者）**
受託者　**子ども**
受益者　**あなた（Ａさん）**

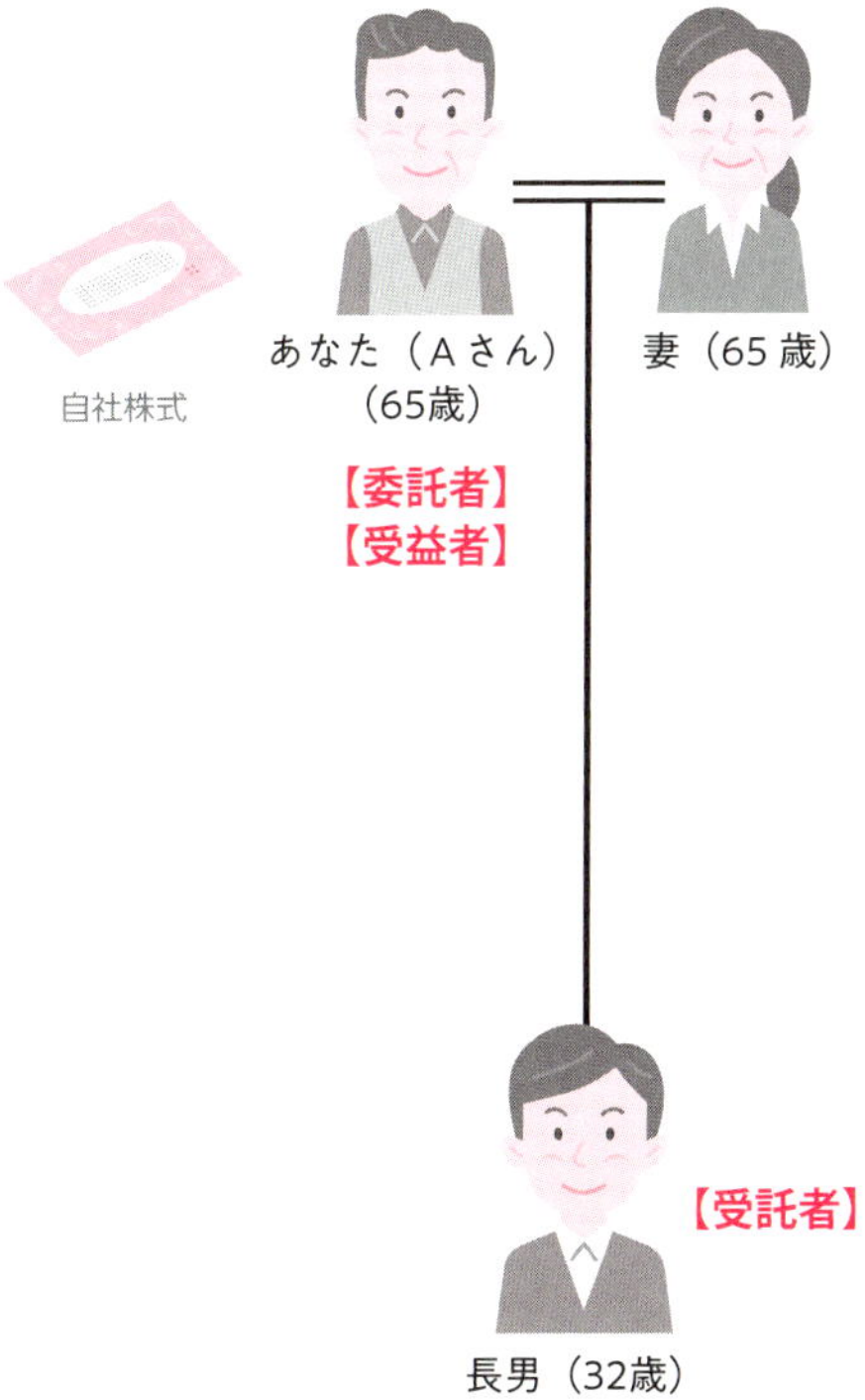

私（Aさん）は一代で事業を起こし、かなりの規模に会社を成長させました。今まで事業に邁進してきましたが、年齢を重ね、将来のことが気になってきました。

最近は長男に事業承継を行うことを真剣に検討していますが、現在は会社の株価が高く、株式を長男に無償で渡すと多額の贈与税が発生してしまいます。株価を下げる施策も進めてはいますが、実行までにはまだ時間がかかりそうです。

しかしこの先、自分が認知症などで判断能力を失ってしまうことも考えられます。そうなる前に長男に株式を渡して、会社運営が止まってしまわないようにしたいのですが、何か対策法はありますか。

これで解決！

株式を信託することで長男も経験を積める

会社の議決権は長男、配当は自分で受け取れる

贈与税を発生させずに長男に株式を引き継ぎ、会社の運営を任せるためには、長男を受託

者、自分を受益者とする信託を締結すればＯＫです。

株式を信託すると、会社の運営にかかわる議決権の行使は受託者が行うことになり、株式から受け取る対価（すなわち配当）は受益者が受け取ることになります。

なのでこうすれば、あなた（Ａさん）が認知症になって意思能力を喪失してしまったとしても、受託者である長男が株式に関する議決権を行使でき、会社の運営が止まってしまうことはありません。また、あなた（Ａさん）に意思能力がある間は、長男はあなたの指導を受けながら会社の運営を経験することができます。

その後、あなた（Ａさん）が亡くなった際には相続発生をもって信託を終了させ、正式に長男が後継者となって自社株を承継することになります。


結果どうなった？

信託契約を締結した後も、父は10年ほど元気で、会社の運営について指導を受けながら、自分が議決権の行使を通して会社の運営をしていく形をとることができました。

その後、父の調子が悪くなり、認知症を発症して5年ほど施設で生活してから亡くなりました。施設に入ってからは、いわゆる意思能力喪失状態となっていましたが、長男である私が株式の信託を受けていたため、会社の運営が止まってしまうことはありませんでした。

生前にしっかり会社経営を学ぶことができたので、相続をして会社を引き継いでからも安心でした。

Column 上場株式の贈与税はこんなふうに評価される

株式を贈与した場合、その贈与税の計算は、株式の評価（お金に換算するといくらになるのか）を計算し、その金額に贈与税の税率を掛けて算出します。

会社経営者が保有する自社株式、いわゆる非上場の株式は、頻繁に取引されるわけではないため税務上の価格を算出するためには、税理士による計算が必要です。

一方、上場株式は、日々株式市場において取引がされ、株価が明確になっています。

実際には、こんなふうに計算されます。

・贈与日の株式市場での最終価格
・贈与月における、毎日の株式市場での最終価格の平均額
・贈与月の前月における、毎日の株式市場での最終価格の平均額
・贈与月の前々月における、毎日の株式市場での最終価格の平均額

上記4つの額のうち最も低い額を選んで評価します。

つまり、贈与時点で株価が高くても、前月や前々月などには低かった場合、その額で贈与税を計算することができるということです。

もし、この事例で贈与税を発生させずに長男に株式を引き継ごうとするならば、たとえば一年間で、1000株を贈与するなら、株価は1100円以下に収まっていないといけません（基礎控除額の110万円を超える贈与には、贈与税が発生します）。

ただ、もし贈与したいタイミングでは株価が1500円だったとしても、前月や前々月には毎日の最終価格の平均額が1000円だった場合、贈与税を計算する際の株価は1000円と評価されますので、贈与税はかかりません。

事例7-2

こんなときどうする？

先代の時代に株式が複数の人間に分散している。これらの株式をなるべくまとめて、次世代に事業承継をしたい

（65歳・男性）

[登場人物]

委託者　**あなた（Aさん）（経営者）**
受託者　**子ども**
受益者　**あなた（Aさん）**

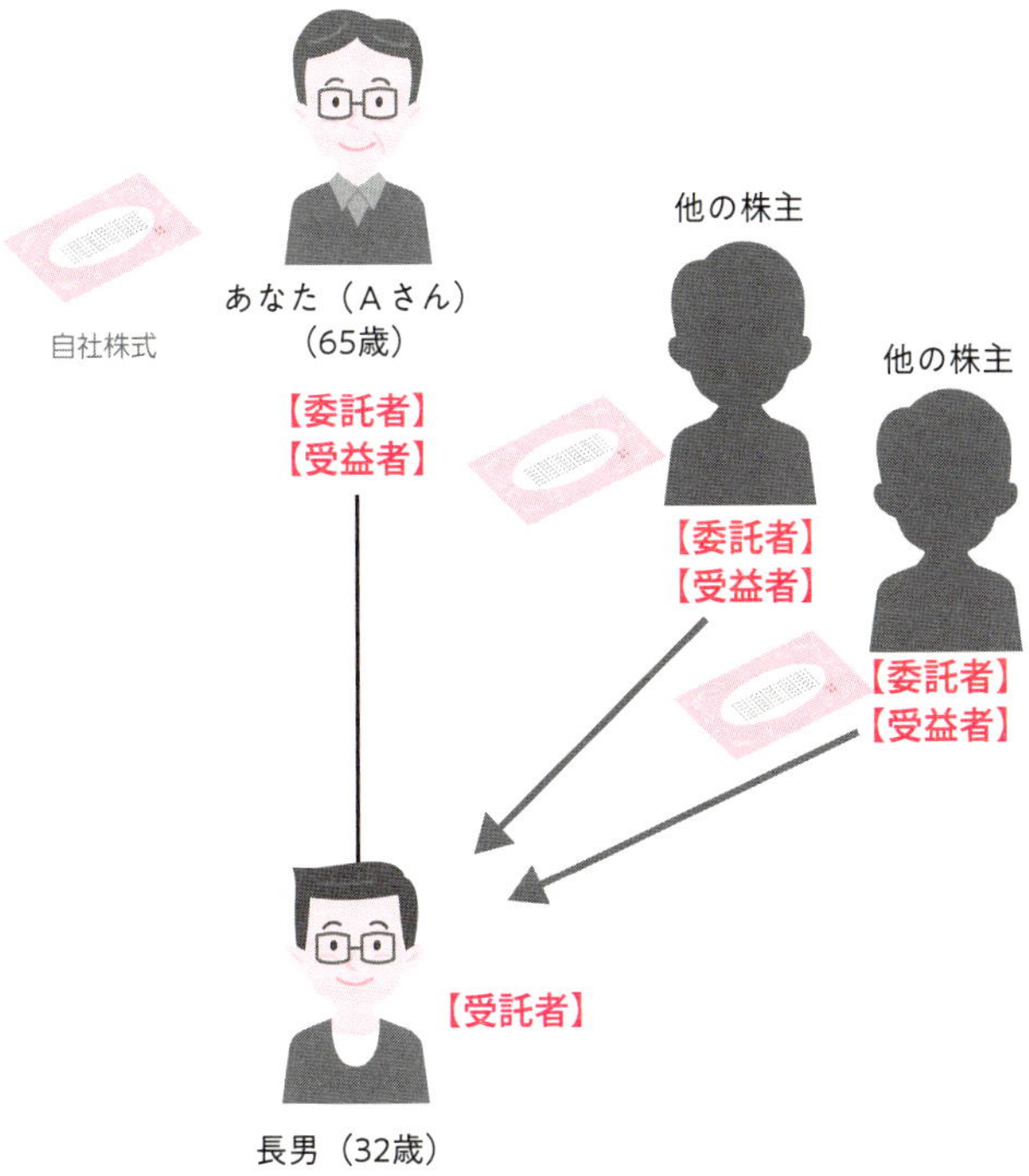

私（Aさん）は2代目として先代から引き継いだ会社の経営をしています。そろそろ次世代に事業の承継をしていきたいと考えていますが、先代の時代に複数の人間に株式が分散しており、放置できない問題になっています。最近は少数株主権の行使なども活発に行われると聞きますので心配です。できれば自分が元気なうちにこれらの株式を少しずつでも集めて、次世代には株式分散問題を残したくないと考えています。

他の株主は、現在は会社の運営に関与しておらず、配当を受け取っているだけなので、株式の買い取りの打診をすれば売ってくれるかもしれません。ただ、今は株価が高く、すぐに打診することは難しい状態です。

私（Aさん）も高齢となってきて、最近は脳梗塞で倒れて入院もしています。今後認知症も心配なので、何とか手を打ちたいと思っています。

これで解決！

議決権を長男に集めつつ、配当はもとの株主が得られる信託契約を

他の株主と長男との間で株式を信託してもらう

まず認知症対策としては、受託者を長男、受益者をあなた（Aさん）として自社株を後継者である長男に信託しましょう。これによって、長男が議決権を持ち、あなた（Aさん）は配当を得られるという形になります。

他の分散した株主に対しては、長男に対して株式の信託をしてもらうことを打診していくのがよいでしょう。つまり、その第三者（分散した株式の株主）が委託者&受益者、長男が受託者になるということです。また、この場合、各株主とそれぞれ信託契約をすることになります。例えば分散している株主が20人いたら、この20人とそれぞれ契約をすることになるのです。大変な作業にはなりますが、できるだけ多くの株式を集め、議決権の３分の２（株主総会において、重要な事項を決定できる割合）が満たされるように努めます。株式の信託をしても、配当は元の株主に入ることになるので、議決権を行使するつもりのない株主で

あれば、特に損をすることはありません。

これによってまとめて株式の信託を長男が受けることができれば、議決権を集めることができるので、会社の運営はやりやすくなります。

資金ができたら分散した株式を買い取る

あなた（Aさん）から信託を受けた株式以外の株式、つまり分散した株式の信託については、受益権を買い取れる条項なども入れておきましょう。買い取り資金ができたら順次買い取っていくことも視野に入れておけば、株式の分散状態を終わらせることができます。

あなた（Aさん）と長男との間で交わされた株式の信託については、あなたが亡くなり相続が発生した時点で終了させます。その他の株主から長男が信託を受けた株式に関しては、買い取り資金ができ次第順次買い取り、信託を終了させるようにするとよいでしょう。

結果どうなった？

まず、私（Aさん）が持っている自社株は長男に信託し、自分が認知症になった場合には長男に会社運営を任せられるようにしました。長男もこの信託契約締結によって跡継ぎの自覚が出てきたようで、経営について真剣に学んでくれています。

次に複数いる株主に長男と信託契約を締結してもらえるように打診をしたところ、議決権を受託者である長男に集めることができました。株主は長男もこれまで自社で経験を積んでおり信頼があることや、配当が入ることには変わりがないということから、快く受け入れてもらうことができました。

信託には贈与税がかからないので、配当をそのまま渡し続けてもデメリットが生じず、長男と面識がないような関係性の薄い株主たちにも打診がしやすく、大変便利でした。

また、事業で上がってくる利益を使いながら、現在は株式の買い取りも進めています。これも順調で、最終的にはすべての株式を買い集めて長男のものとすることができる予定となっています。

おわりに

高齢化の進行に伴い、今、多くの方が自身や家族の老後に不安を抱えるようになってきています。高齢者の方々が持つ資産や権利をどのように守り、次世代に伝えていくか。この問題は、患者数が増え続ける認知症の問題とも絡み合い、複雑化してきています。そして、これまでの成年後見制度や遺言などの方法ではカバーしきれないケースも多くありました。

こうした不安を取り除くために有効活用できる方法として、本書では家族信託を使ったさまざまな解決策を示してきました。本書の事例をパラパラと見て頂くだけでも、その柔軟性、応用力の高さについておわかりいただけるのではないでしょうか。まず「こんな方法がある」と知るだけでも皆様にとって安心材料になれば幸いです。

本書をお読みくださった皆様の多くは、ご自身が高齢者、あるいはご家族に高齢者がいて、認知症に対しての不安を抱えていらっしゃるのではないかと思います。もしそうした不安があれば、まずはお持ちの資産を具体的に確認してみてください。そのうえで、それらをどのように守り、引き継ぐかを考えてみましょう。そのお考えを実現するために、家族信託が大いに役立つことになるかもしれません。まずはお元気なうちに、ぜひ一度シミュレーションしてみることをおすすめします。

また、実際の家族信託の活用にあたっては皆様個々に家族構成や財産状況が異なり、さまざまなご事情があると思いますので、手続きの子細については司法書士、行政書士など家族信託に詳しい専門家に相談していただければと思います。もちろん、トリニティグループでも数々の相談実績をもとに、一人一人に寄り添って皆様のお力になり続けたいと思っております。

高齢化は今後ますます進んでいきますが、その中で一人でも多くの方が悩みから解放され、ご家族とともに充実した人生を送れますように、お祈りしております。

用語集

・公益信託

信託銀行等が本人に代わって公益活動のために財産を管理運営する信託のこと。社会福祉や環境保全、学生への奨学金支給やさまざまな研究費助成などのために、この公益信託が活用されています。信託銀行等は、適切な信託事務を行うために主務官庁の監督を受けます。

・公正証書

公証人法に基づき、公証人が本人や関係者の嘱託によって作成する公文書のこと。公証人は裁判官や検察官、法務局長などの経験がある法律の専門家の中から、法務大臣によって任命されます。公正証書を作るときには、公証人は本人や関係者から遺言や契約などの内容を聞いたうえで、法令に違反していないかを確認してから作成します。

・指図権

信託契約によって委託者または受益者に与えることのできる権利ですが、信託法において規定はされていません。指図権者は、信託契約によって財産を持っている人から依頼を受けて、その財産の管理・処分の方法や判断を、財産の管理者・経営者に対して指図することができます。

・信託監督人

受託者が一人で信託実務を行うことが不安な場合や、第三者の監視を入れたい場合には、司法書士などの専門家が信託監督人に就任することも可能です。信託法上、受託者が権限にないことをしている場合に、その行為をやめさせたり、財産管理の状況について報告を求める権限があります。

・信託口口座

信託した預貯金を管理する口座のこと。受託者の個人的な預貯金を管理している銀行などの口座とは別に、信託のために作る口座ですが、法律上開設が義務づけられているわけではありません。ただ、信託口口座を作らずに受託者自身の預貯金管理と同じ口座で信託した金銭を管理してしまうことにより、受託者の個人財産と信託財産が1つの口座で混ざり、トラブルが発生することも多々あるため、信託の際には開設しておいたほうが無難です。

・信託宣言

委託者自らが受託者となり、自分の財産を他人のために管理運営する自己信託では、公正証書を作成するなどの信託宣言が必要となります。それは、財産を管理する人が信託以前と以後とで変わらないため、どの財産をどのタイミングで信託を始めたのか、外部に対して明確にしておく必要があるためです。

・信託報酬

家族信託においては受託者が家族になりますから、受託者への報酬が不要になるケースが大半です。しかし、委託者と受託者の合意があれば、信託報酬を設定することも可能となっています。

・法定相続人

民法で定められた相続人のこと。法定相続人には順位があります。

・第一順位：被相続人に子どもがいる場合は、子と配偶者。子が被相続人より先に亡くなっている場合等は、直系卑属（孫・ひ孫等）が相続人となる。

・第二順位：被相続人に子やその直系卑属がない場合等は、直系尊属（父母・祖父母等）と配偶者。

・第三順位：被相続人に子やその直系卑属がおらず、直系尊属も亡くなっている場合等は、兄弟姉妹と配偶者。もし兄弟姉妹が被相続人より先に亡くなっている場合等は、甥や姪が相続人となる。

・暦年贈与

暦年（1月1日から12月31日まで）に行われた贈与額の合計をもとに、贈与税を計算すること。年間の贈与額が合計110万円以下であれば、贈与税はかかりません。このとき、たとえば5年間同じ時期にきっちり100万円ずつなど同額を贈与していると、税務署からは「そもそも500万円を贈与するつもりで、分割して100万円ずつ贈与していた」と見なされ、500万円に贈与税が課されてしまうことがあります。これを「連年贈与」と言いますが、連年贈与に見せないためには、毎年違う時期に、少しずつ額を変えて贈与することが対策となります。

■著者紹介

司法書士法人　トリニティグループ

司法書士　磨和寛
司法書士　梶原隆央
司法書士　浅沼礼奈
司法書士　水上和巳
司法書士　新倉由大

～トリニティグループ沿革～

平成21年　前身の司法書士事務所開設
平成24年　司法書士法人トリニティグループ　設立
グループ全体45名のメンバー（うち10名が司法書士資格者）が在籍し、東京・横浜・大阪の3拠点で年間500件以上の相続・家族信託のサポートを行っている。
家族信託の組成実績は全国でもトップレベルと評されており、税理士・司法書士・弁護士・金融機関等に対する信託実務の講演活動にも積極的にも取り組む。
「安心のある世界をつくる」ことが組織のミッション。

もしもに備《そな》える財産管理《ざいさんかんり》
家族信託《かぞくしんたく》のツボとコツ

発行日　2019年　7月　1日　　第1版第1刷

著　者　司法書士法人《しほうしょしほうじん》　トリニティグループ

発行者　斉藤　和邦
発行所　株式会社　秀和システム
〒104-0045
東京都中央区築地2丁目1−17　陽光築地ビル4階
Tel 03-6264-3105（販売）　Fax 03-6264-3094
印刷所　日経印刷株式会社　　Printed in Japan

ISBN978-4-7980-5711-8 C2033

定価はカバーに表示してあります。
乱丁本・落丁本はお取りかえいたします。
本書に関するご質問については、ご質問の内容と住所、氏名、電話番号を明記のうえ、当社編集部宛FAXまたは書面にてお送りください。お電話によるご質問は受け付けておりませんのであらかじめご了承ください。